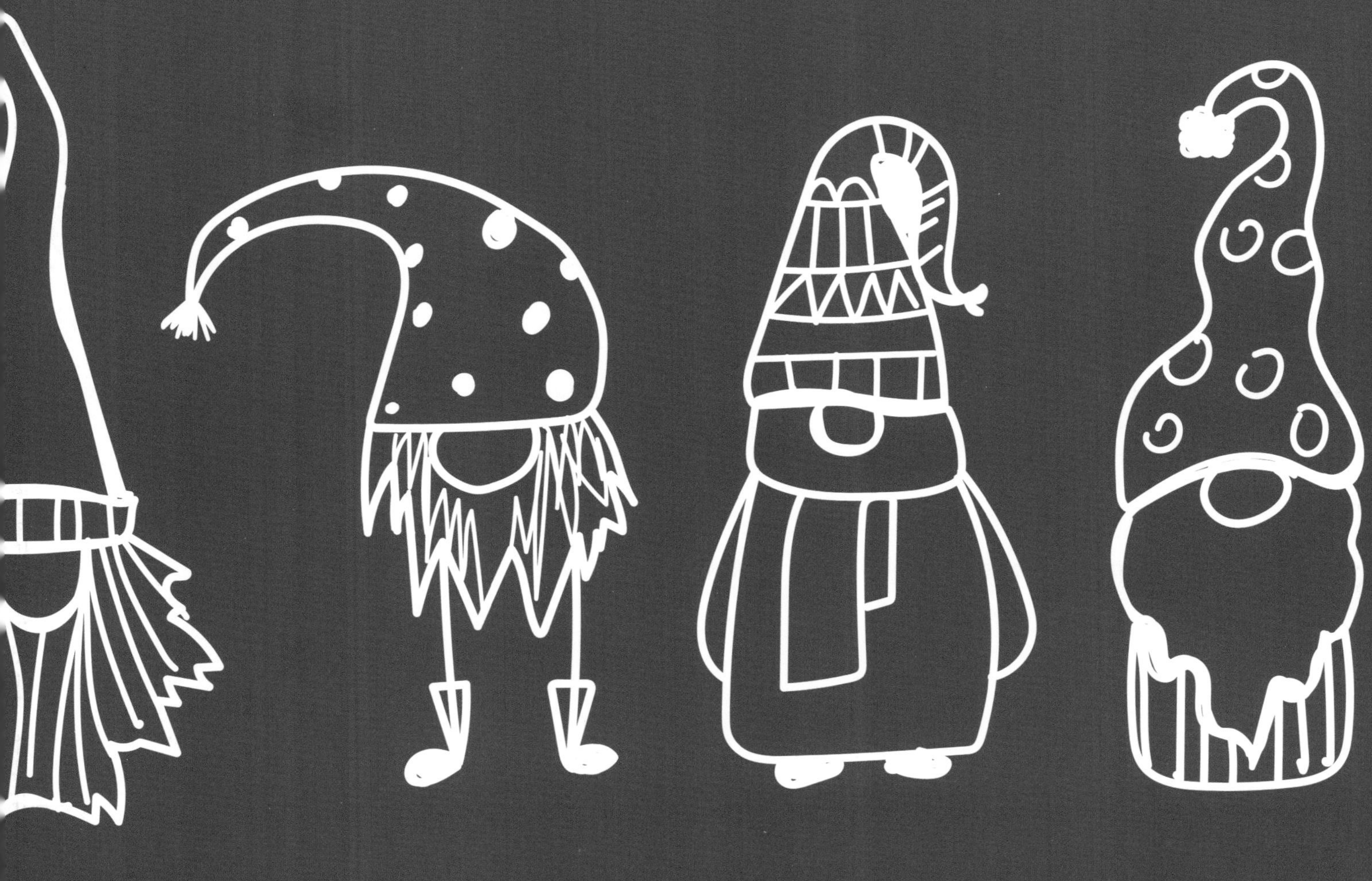

Bommelie

HANDMADE FOR KIDS

Annelie Kojic

Weihnachtliche Wichtelhäkelei

Wichtel und Accessoires einfach gehäkelt

Hej!

Es ist endlich wieder die schönste Zeit des Jahres angebrochen – Weihnachten steht vor der Tür! In den letzten Jahren schmücken auch immer mehr kleine, selbstgemachte Türen die Wohnungen und Häuser in dieser besonderen Zeit. Hinter den Türen, so sagt man, verbergen sich kleine Gestalten, die als Wichtel bekannt sind.

In diesem Buch zeige ich Ihnen, wie Sie niedliche kleine Weihnachtswichtel häkeln können, die Ihr Zuhause in eine winterliche Wunderwelt verwandeln werden. Damit sich die kleinen Wichtel pudelwohl fühlen, können Sie ihnen allerlei Wichtelzubehör aus Wolle gestalten. Ob ein Briefkasten für die Wichtelpost, Stiefel für einen Schneespaziergang oder ein Sofa zum Ausruhen nach einem anstrengenden Tag voller Streiche – alles ist dabei.

Natürlich darf in der Weihnachtszeit auch das Backen nicht fehlen! Deshalb habe ich auch einige Anleitungen für Sie zusammengestellt, mit denen Sie Backzubehör wie zum Beispiel eine Rührschüssel, Eier, Topflappen und Co. für Ihre Wichtel selbst häkeln können.

Egal ob Anfänger:in oder Profi – durch den ausgiebigen Grundlagenteil und die gut strukturierten Anleitungen können alle das Zuhause Ihres Wichtels weihnachtlich gestalten. Durch die wenigen Materialien und ausgewählten Farben sind diese Projekte ideal für einen kurzweiligen Häkelabend. Lassen Sie sich von meinen Ideen inspirieren und bringen Sie die Magie von Weihnachten in Ihr Zuhause!

Haben Sie nun Lust zum Häkeln mit Plätzchengeruch in der Nase bekommen? Dann nichts wie ran an die Häkelnadel!

Viel Spaß wünscht Ihnen Anneke

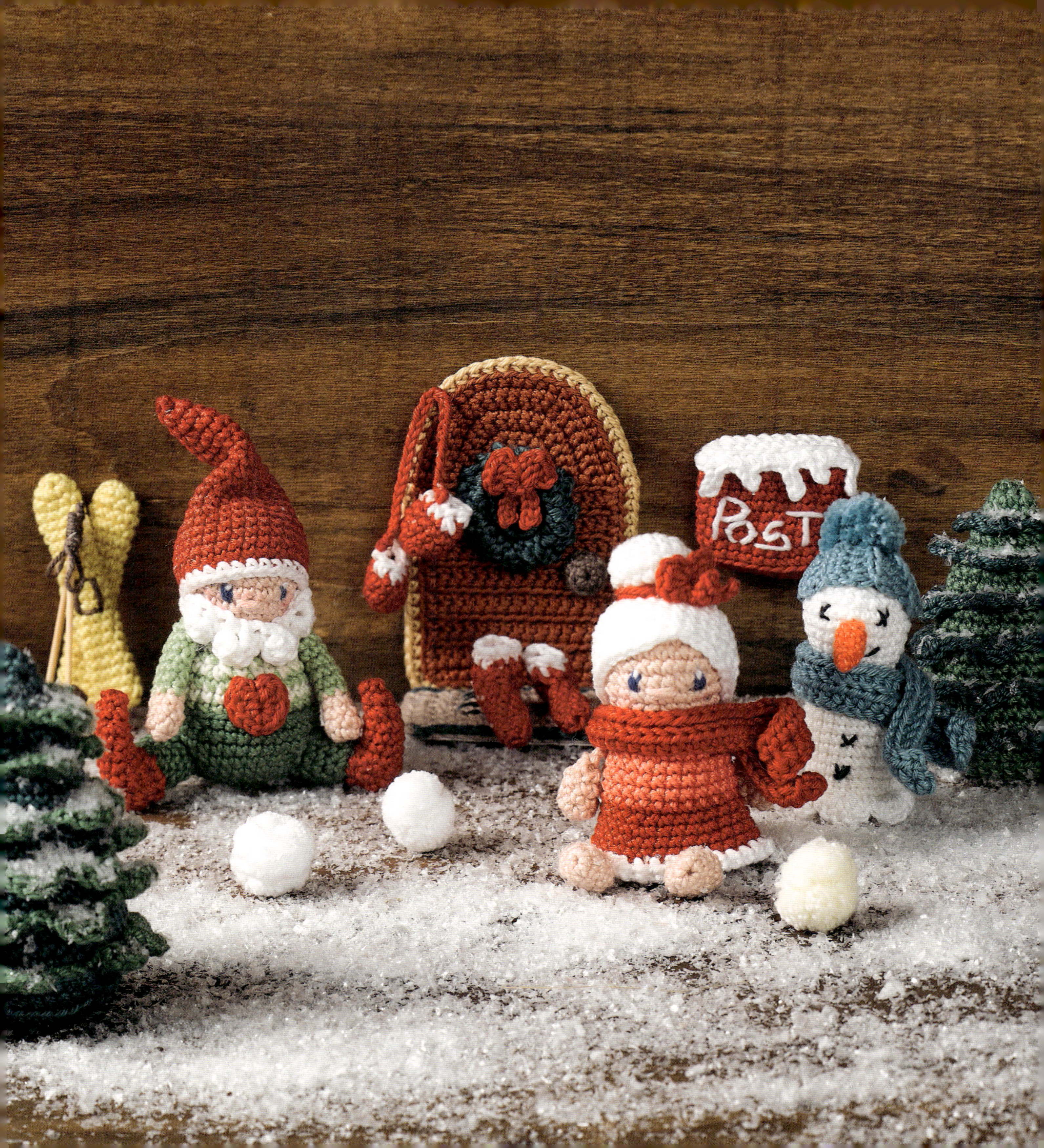
POST

IN DER GUTEN STUBE

IN DER WEIHNACHTS-BÄCKEREI

DIE WICHTEL ZIEHEN EIN!

Jedes Jahr an Weihnachten brechen Wichtel und Wichtelinen vom Nordpol auf, um die Adventszeit und Weihnachten mit Menschen zu verbringen. Sie treiben allerlei Schabernack, schreiben kleine Briefchen und werden ganz plötzlich unsichtbar, wenn jemand in der Nähe ist. Wie auch bei allen anderen Lebewesen sehen nicht alle Wichtel und Wichtelinen gleich aus. Manche haben eine Mütze, andere Zöpfe, sie tragen Hosen oder Kleider oder haben einen Rauschebart. So ist jeder Wichtel individuell!
Auf den folgenden Seiten kannst Du Deinen eigenen Wichtel gestalten. Ich wünsche Dir viel Freude dabei!

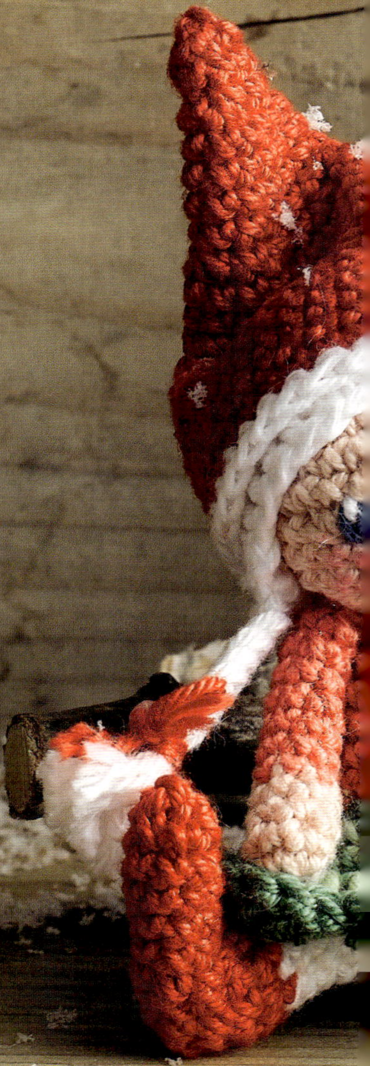

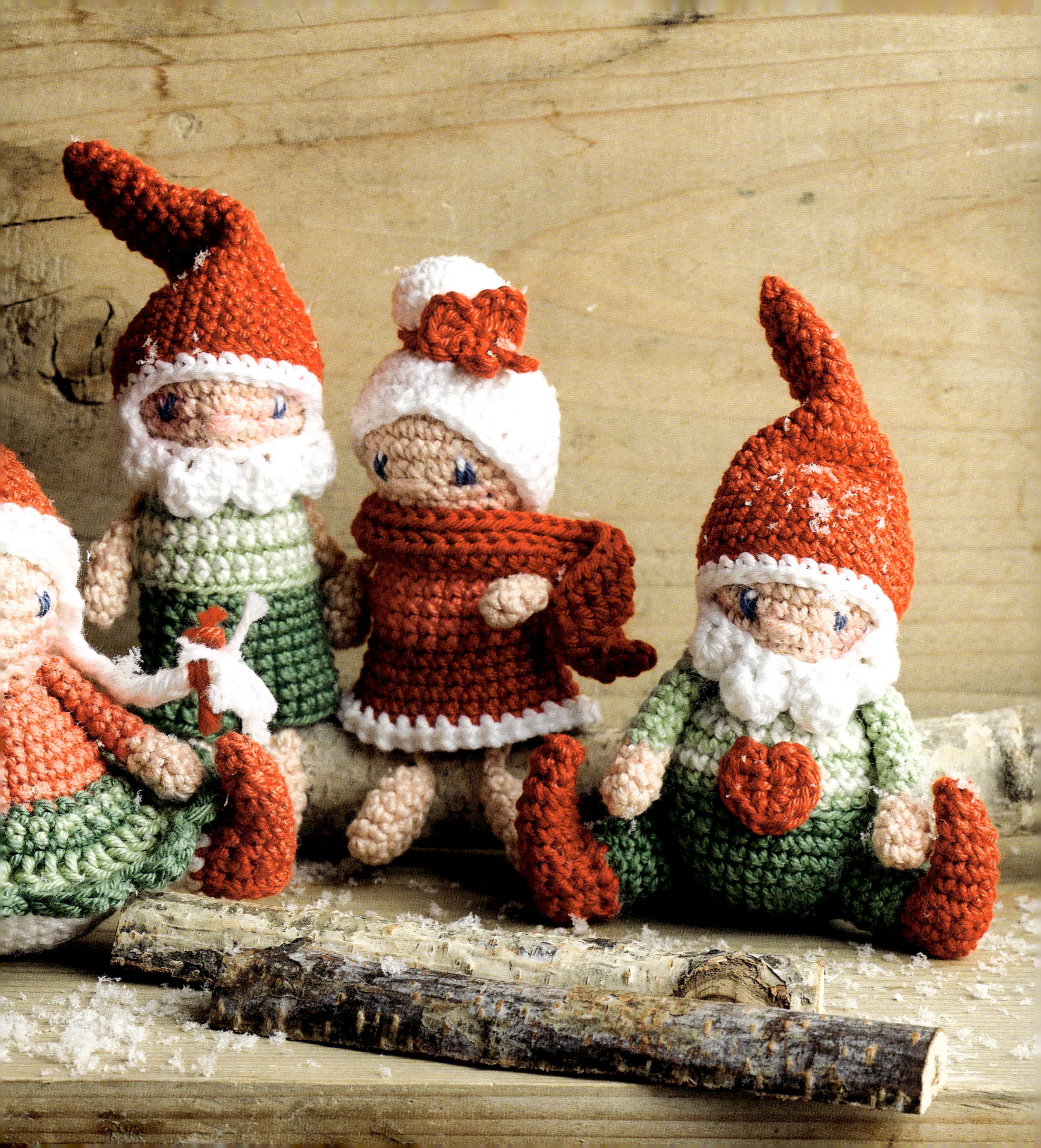

Finja und Lasse

Wichtel mit Baumelbeinen

Der Wichtelbrauch kommt ursprünglich aus Skandinavien, deswegen haben Wichtel meist nordische Namen. Die beliebtesten sind Nisse, Tomte, Lasse, Jonte und Alvi. Weitere schöne Namen für Wichtel sind Ida, Finja, Elvin, Fredi oder Brikka.

SCHWIERIGKEITSGRAD 2

GRÖSSE

Mädchen: 11,5 cm
Junge: 16,5 cm
Mütze 6,5 cm

MATERIAL

- Lana Grossa Cotone (LL 125 m/50 g) in Weiß (Fb 22), Rot (Fb 18), Azalee (Fb 82), Pastellrosa (Fb 58), Natur (Fb 28), Farngrün (Fb 54), je 50 g, in Royal (Fb 12) und Frühlingsgrün (Fb 127), Reste
- Häkelnadel 2,5 mm
- Wollnadel ohne Spitze
- Bastelkleber
- Füllwatte
- Rouge

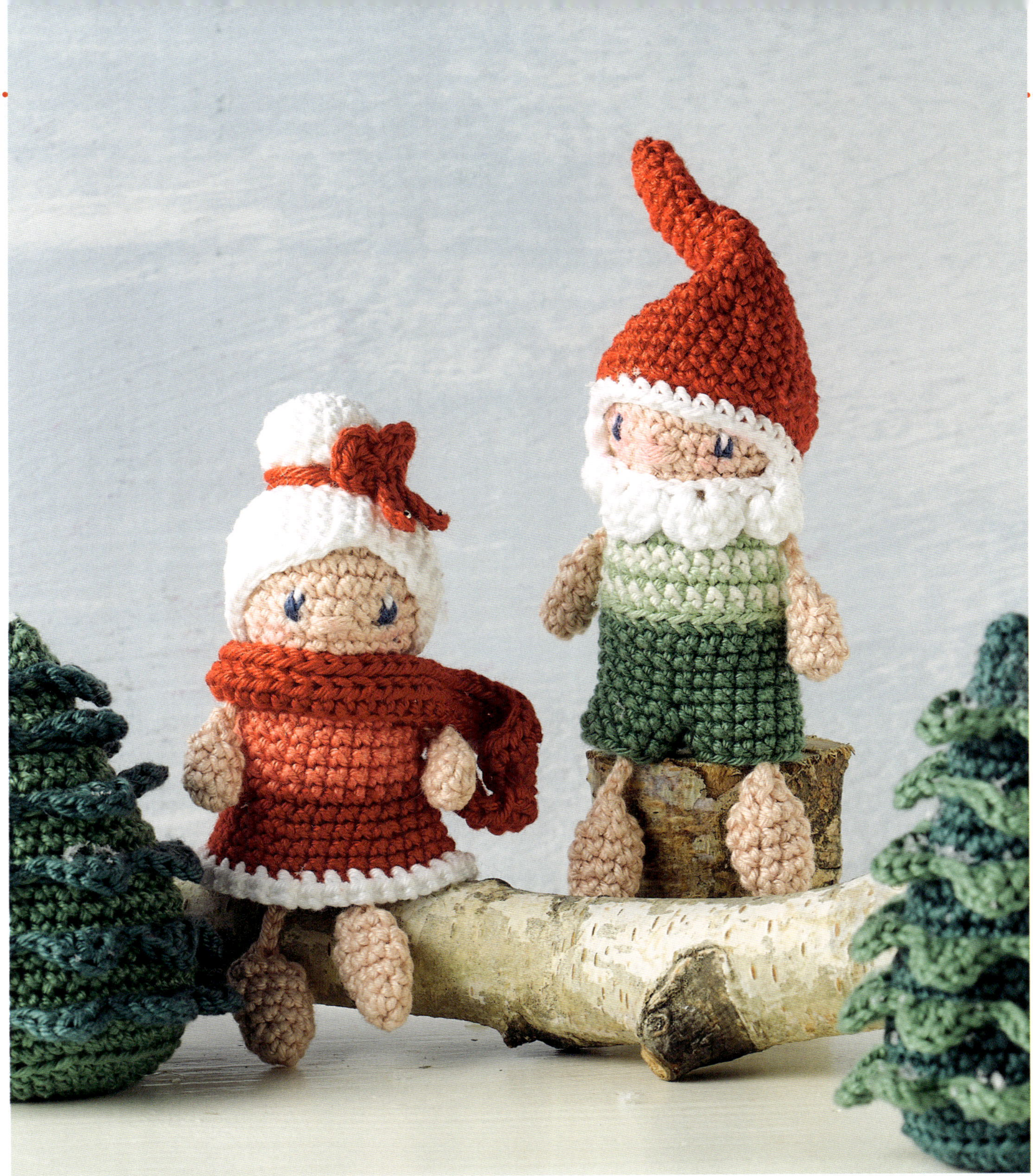

Streifenfolge

1 Rd in Natur und 1 Rd in Frühlingsgrün im Wechsel häkeln.

Farbwechsel

Die letzte M der einen Fb schon mit der neuen Fb abmaschen, damit ein exakter Fb-Übergang entsteht.

Anleitung

Alle Teile mit Ausnahme des Schals werden in Spiral-Rd gehäkelt. Dafür den Beginn jeder Rd mit einem M-Markierer oder Kontrastgarn kennzeichnen.

MÄDCHEN

Kopf und Körper

In Pastellrosa einen Magic-Ring anfertigen.
1. Rd: 6 fM in den Ring häkeln (= 6 M).
Weiter in Spiral-Rd häkeln.
2. Rd: Jede fM verdoppeln (= 12 M).
3. Rd: Jede 2. fM verdoppeln (= 18 M).
4. Rd: Jede 3. fM verdoppeln (= 24 M).
5. Rd: Jede 4. fM verdoppeln (= 30 M).
6.+7. Rd: Jeweils 30 fM häkeln.
8. Rd: Jede 4. und 5. fM zusammen abmaschen (= 24 M).
9. Rd: 24 fM häkeln.
10. Rd: Jede 3. und 4. fM zusammen abmaschen (= 18 M).
11. Rd: Jede 2. und 3. fM zusammen abmaschen (= 12 M).
Den Kopf gleichmäßig mit Füllwatte ausstopfen.
12. Rd (Weiß): 12 fM in die hinteren M-Glieder häkeln.
13. Rd: Jede 2. fM verdoppeln (= 18 M).
14.–19. Rd: Jeweils18 fM häkeln.
20. Rd: Jede 2. und 3. fM zusammen abmaschen (= 12 M).
Den Körper mit Füllwatte ausstopfen.
21. Rd: Immer 2 fM zusammen abmaschen (= 6 M).
Faden lang abschneiden, durchziehen, in eine Nd fädeln und die letzten 6 M damit zusammennähen.

Bein (2x)

In Pastellrosa einen Magic-Ring anfertigen.
1. Rd: 6 fM in den Ring häkeln (= 6 M).
Weiter in Spiral-Rd häkeln.
2. Rd: 6 fM häkeln.
3. Rd: Jede 2. fM verdoppeln (= 9 M).
4.+5. Rd: Jeweils 9 fM häkeln.
6. Rd: Jede 2. und 3. fM zusammen abmaschen (= 6 M).
Faden lang abschneiden, durchziehen, in eine Nd fädeln und die letzten 6 M damit zusammennähen.
An den Fuß in Pastellrosa 8 Lm als Bein anhäkeln. Faden abschneiden, durchziehen und damit das Bein an den Körper nähen.
Das 2. Bein ebenso häkeln.

Arm (2x)

In Pastellrosa einen Magic-Ring anfertigen.
1. Rd: 6 fM in den Ring häkeln (= 6 M).
Weiter in Spiral-Rd häkeln.
2.+3. Rd: 6 fM häkeln.
Faden lang abschneiden, durchziehen, in eine Nd fädeln und die letzten 6 M damit zusammennähen.
An die Hand in Pastellrosa 6 Lm als Arm anhäkeln. Faden abschneiden, durchziehen und damit den Arm an den Körper nähen.

Kleid

Das Kleid am Körper anhäkeln. Der Kopf zeigt zum Häkelnden. In Azalee in einem vorderen M-Glied der 11. Rd des Körpers anschlingen.
1. Rd: 12 fM in die vorderen M-Glieder der 11. Rd des Körpers häkeln (= 12 M).
Weiter in Spiral-Rd häkeln.
2. Rd: Jede 2. fM verdoppeln (= 18 M).
3. Rd: Jede 3. fM verdoppeln (= 24 M).
4.–7. Rd: Jeweils 24 fM häkeln.
8.–10. Rd (Rot): 24 fM häkeln.

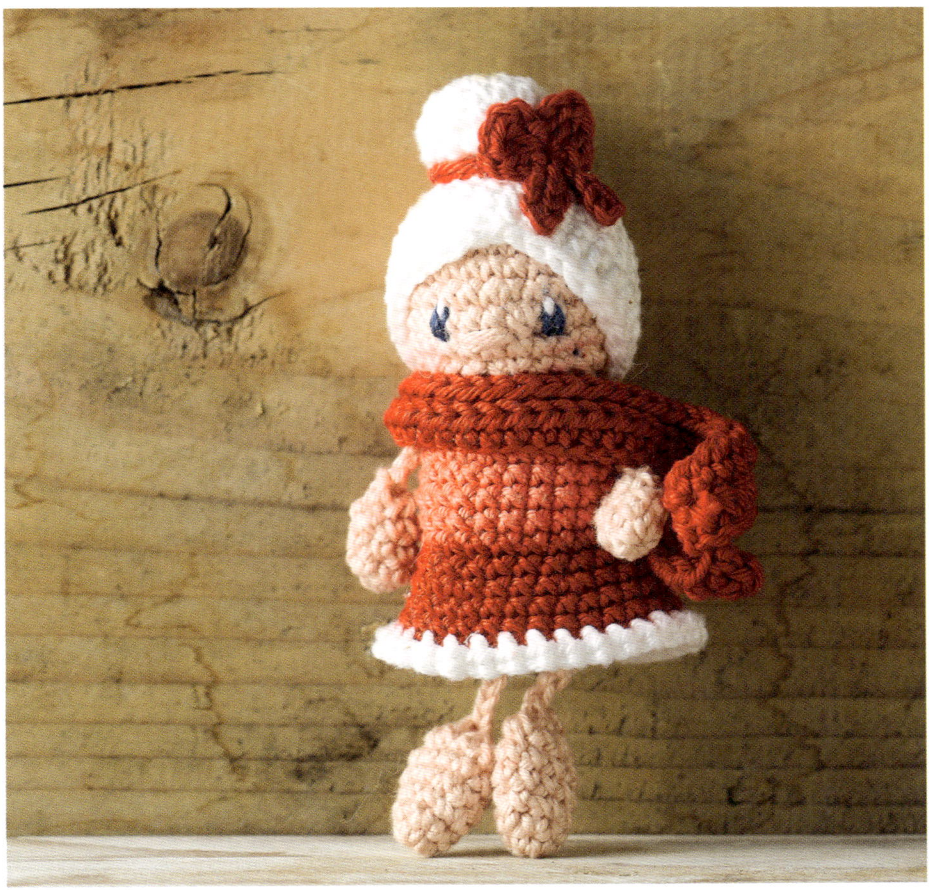

11. Rd: Jede 4. fM verdoppeln (= 30 M).
12. Rd: 30 fM häkeln.
13. Rd (Weiß): * 1 fM, 1 Lm, ab * fortlaufend wdh.
Mit 1 Km schließen. Faden abschneiden und durchziehen.

Haare

In Weiß einen Magic-Ring anfertigen.
1. Rd: 6 fM in den Ring häkeln (= 6).
Weiter in Spiral-Rd häkeln.
2. Rd: Jede fM verdoppeln (= 12).
3. Rd: Jede 2. fM verdoppeln (= 18 M).
4. Rd: Jede 3. fM verdoppeln (= 24 M).
5. Rd: Jede 4. fM verdoppeln (= 30 M).
6.–9. Rd: Jeweils 30 fM häkeln.
10. Rd: 4 fM, 1 hStb, 8 Stb, 1 hStb, 2 fM, 1 Km, 2 fM, 3 hStb, 8 fM.
Mit 1 Km schließen. Faden abschneiden und durchziehen.

Dutt

In Weiß einen Magic-Ring anfertigen.
1. Rd: 6 fM in den Ring häkeln (= 6).
Weiter in Spiral-Rd häkeln.
2. Rd: Jede fM verdoppeln (= 12).
3. Rd: Jede 2. fM verdoppeln (= 18 M).
4.+5. Rd: Jeweils 18 fM häkeln.
6. Rd: Jede 3. und 4. fM zusammen abmaschen (= 12).

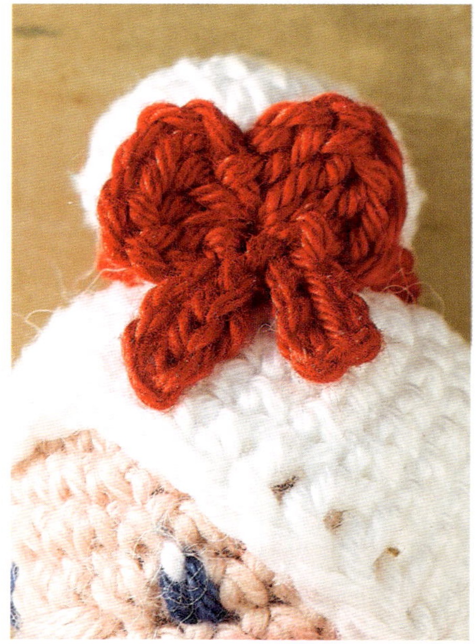

Mit 1 Km schließen. Faden abschneiden und durchziehen.

Schleife

In Rot einen Magic-Ring anfertigen, aber noch nicht zusammenziehen.
1. Rd: In den Ring wie folgt häkeln: 3 Lm, 2 Stb, 3 Lm, 1 Km in den Ring, 3 Lm, 2 Stb, 3 Lm, 1 Km in den Ring, * 5 Lm, ab der 2. Lm von der Nd aus 4 Km auf die Lm-Kette, 1 Km in den Ring, ab * noch 1x wdh. Nun den Magic-Ring zusammenziehen.
Faden lang abschneiden und durchziehen.

Schal

In Rot 50 Lm anschlagen. Weiter in R häkeln.
1. R: Ab der 3. Lm von der Nd aus 48 hStb häkeln (= 48 M). Am Ende der R mit 2 Lm wenden.
2. R: 48 hStb häkeln.
Faden abschneiden und durchziehen.

In Weiß einen Rand an die 1. Rd der Wichtelmütze häkeln. Die Spitze der Wichtelmütze zeigt zum Häkelnden.
1. Rd: * 1 fM, 1 Lm, ab * fortlaufend wdh (= 60 M).
Mit 1 Km schließen.
Faden abschneiden und durchziehen.

Mütze

In Rot 31 Lm anschlagen und mit 1 Km zum Ring schließen.
Weiter in Spiral-Rd häkeln.
1. Rd: 30 fM häkeln(= 30 M).
2.-6. Rd: Jeweils 30 fM häkeln.
7. Rd: Jede 4. und 5. fM zusammen abmaschen (= 24 M).
8.+9. Rd: Jeweils 24 fM häkeln.
10. Rd: Jede 3. und 4. fM zusammen abmaschen (= 18 M).
11.+12. Rd: Jeweils 18 fM häkeln.
13. Rd: Jede 2. und 3. fM zusammen abmaschen (= 12 M).
14.-17. Rd: Jeweils 12 fM häkeln.
18. Rd: Jede 2. und 3. fM zusammen abmaschen (= 8 M).
19. Rd: 8 fM häkeln.
20. R: Immer 2 fM zusammen abmaschen (= 4 M).
Faden lang abschneiden, durchziehen, in eine Nd fädeln und die letzten 4 M damit zusammennähen.

Fertigstellen

Für das Gesicht in Pastellrosa über 2 M eine Nase aufsticken. Die Augen links und rechts davon in Royal und Weiß aufsticken. Zum Schluss die Wangen mit Rouge auftupfen. Die Haare auf den Kopf kleben. Den Dutt mit Füllwatte ausstopfen und auf die Haare kleben. Einen roten Faden 3x um den Dutt wickeln und die Schleife an den Dutt kleben. Den Schal ebenfalls ankleben. Die Mütze auf den Kopf nähen oder kleben und dabei etwas stauchen. Alle Fäden vernähen.

JUNGE

Kopf und Körper, Arme und Beine werden wie beim Wichtel-Mädchen gehäkelt.

Hemd und Hose

In Frühlingsgrün in einem vorderen M-Glied der 11. Rd des Körpers anschlingen. Der Kopf zeigt zum Häkelnden.

1. Rd: 12 fM in die vorderen M-Glieder der 11. Rd des Körpers häkeln (= 12 M).
Weiter in Spiral-Rd häkeln.
2. Rd (Natur): Jede 2. fM verdoppeln (= 18 M).
3. Rd (Frühlingsgrün): Jede 3. fM verdoppeln (= 24 M).
4.–7. Rd: In der Streifenfolge (siehe Seite 14) jeweils 24 fM häkeln.
8. Rd (Farngrün): 24 fM in die hinteren M-Glieder häkeln.
9.–11. Rd: Jeweils 24 fM häkeln.
12. Rd: Für das 1. Hosenbein wie folgt arb: 12 fM, 3 Lm, 12 M überspringen. Mit 1 Km schließen (= 15 M).
13. Rd: 12 fM und 3 fM in die Lm-Kette.
14. Rd: 15 fM häkeln. Mit 1 Km schließen.
Faden abschneiden und durchziehen.
Das 2. Hosenbein in die übersprungenen 12 M der 11. Rd häkeln. Der Kopf zeigt zum Häkelnden.
12. Rd: 12 fM, 3 fM in die Lm-Kette des 1. Hosenbeins. Mit 1 Km schließen (= 15 M).
13.+14. Rd: Jeweils 15 fM häkeln.
Mit 1 Km schließen. Faden abschneiden und durchziehen.

Mütze mit Bart

In Rot 31 Lm anschlagen und mit 1 Km zum Ring schließen.
Weiter in Spiral-Rd häkeln.
1. Rd: 30 fM häkeln(= 30 M).
2.–6. Rd: Jeweils 30 fM häkeln.
7. Rd: Jede 4. und 5. fM zusammen abmaschen (= 24 M).
8.+9. Rd: Jeweils 24 fM häkeln.
10. Rd: Jede 3. und 4. fM zusammen abmaschen (= 18 M).
11.+12. Rd: Jeweils 18 fM häkeln.
13. Rd: Jede 2. und 3. fM zusammen abmaschen (= 12 M).
14.–17. Rd: Jeweils 12 fM häkeln.
18. Rd: Jede 2. und 3. fM zusammen abmaschen (= 8 M).
19. Rd: 8 fM häkeln.
20. Rd: Immer 2 fM zusammen abmaschen (= 4 M).
Faden lang abschneiden, durchziehen, in eine Nd fädeln und die letzten 4 M damit zusammennähen.
In Weiß am Rand (= 1. Rd) der Mütze neu anschlingen. Die Spitze der Mütze zeigt zum Häkelnden.
1. Rd: 30 fM häkeln. Mit 1 Km schließen (= 30 M).
2. Rd: * 1 fM, 1 Lm, ab * noch 17x wdh, 16 Lm anschlagen (= Bart), 12 M überspringen. Mit 1 Km schließen.
Mit 1 Lm wenden und weiter den Bart in die Lm-Kette zurückhäkeln:
3. Rd: * 5 Stb in 1 M, 1 Lm überspringen, 1 Km in die nächste Lm, 1 Lm überspringen, ab *

noch 3x wdh. Mit 1 Km in die nächste M der Vor-Rd schließen. Faden abschneiden und durchziehen.

Fertigstellen

Arme und Beine an den Körper nähen. Für das Gesicht in Pastellrosa über 2 M eine Nase aufsticken. Die Augen links und rechts davon in Royal und Weiß aufsticken. Zum Schluss die Wangen mit Rouge auftupfen. Die Mütze über den Kopf stülpen und dabei etwas stauchen. So aufnähen oder festkleben, dass das Gesicht von der Mütze und dem Bart umrahmt ist. Ggf. den Bart leicht fixieren.

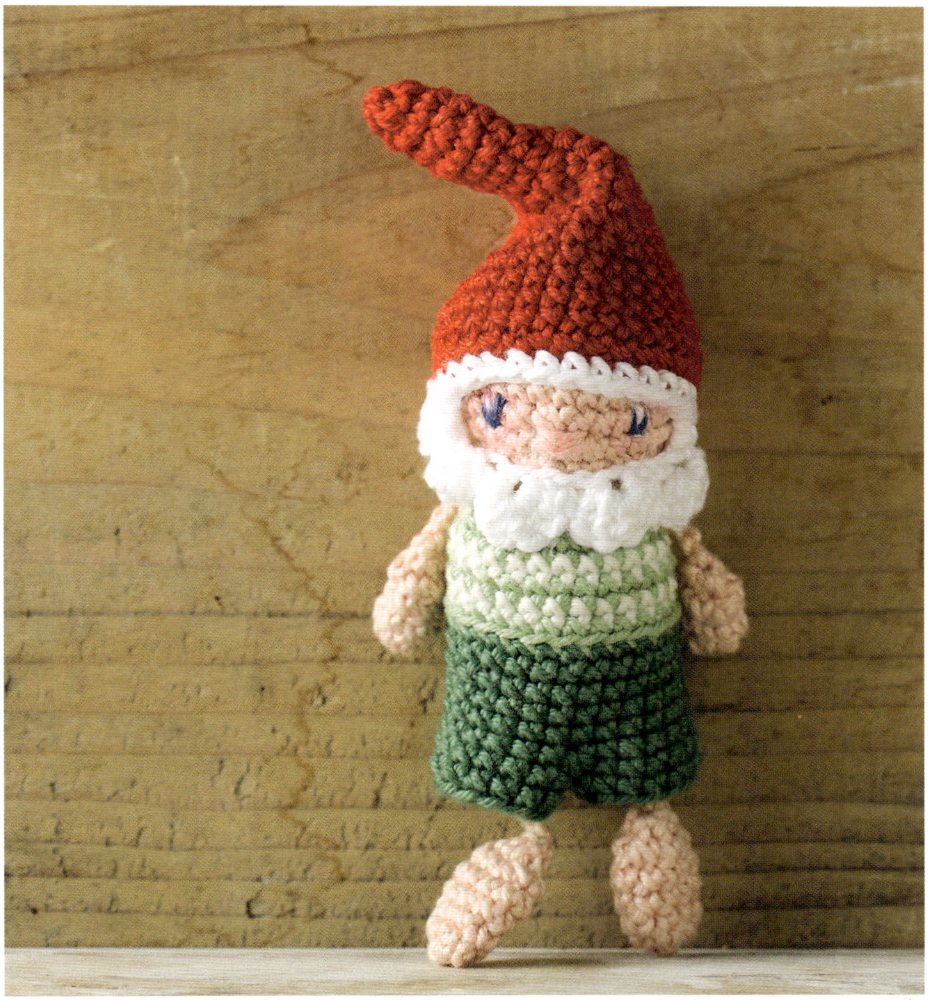

Ida und Nisse

Sitzende Wichtel

Mit viel Schabernack und Späßen verkürzen die Wichtel die Vorweihnachtszeit. Ob Chaos in der Weihnachtsbäckerei, Fußspuren im Mehl-Schnee oder offengelassene Schränke, ihnen fällt immer etwas ein.

SCHWIERIGKEITSGRAD 2

GRÖSSE

Mädchen: 7 cm
Junge: 7 cm
Mütze: 6,5 cm

MATERIAL

- Lana Grossa Cotone (LL 125 m/50 g) in Weiß (Fb 22), Rot (Fb 18), Azalee (Fb 82), Pastellrosa (Fb 58), Farngrün (Fb 54)), Natur (Fb 28) und Frühlingsgrün (Fb 127), je 50 g, in Royal (Fb 12), Rest
- Häkelnadel 2,5 mm
- Wollnadel ohne Spitze
- Bastelkleber
- Füllwatte
- Rouge

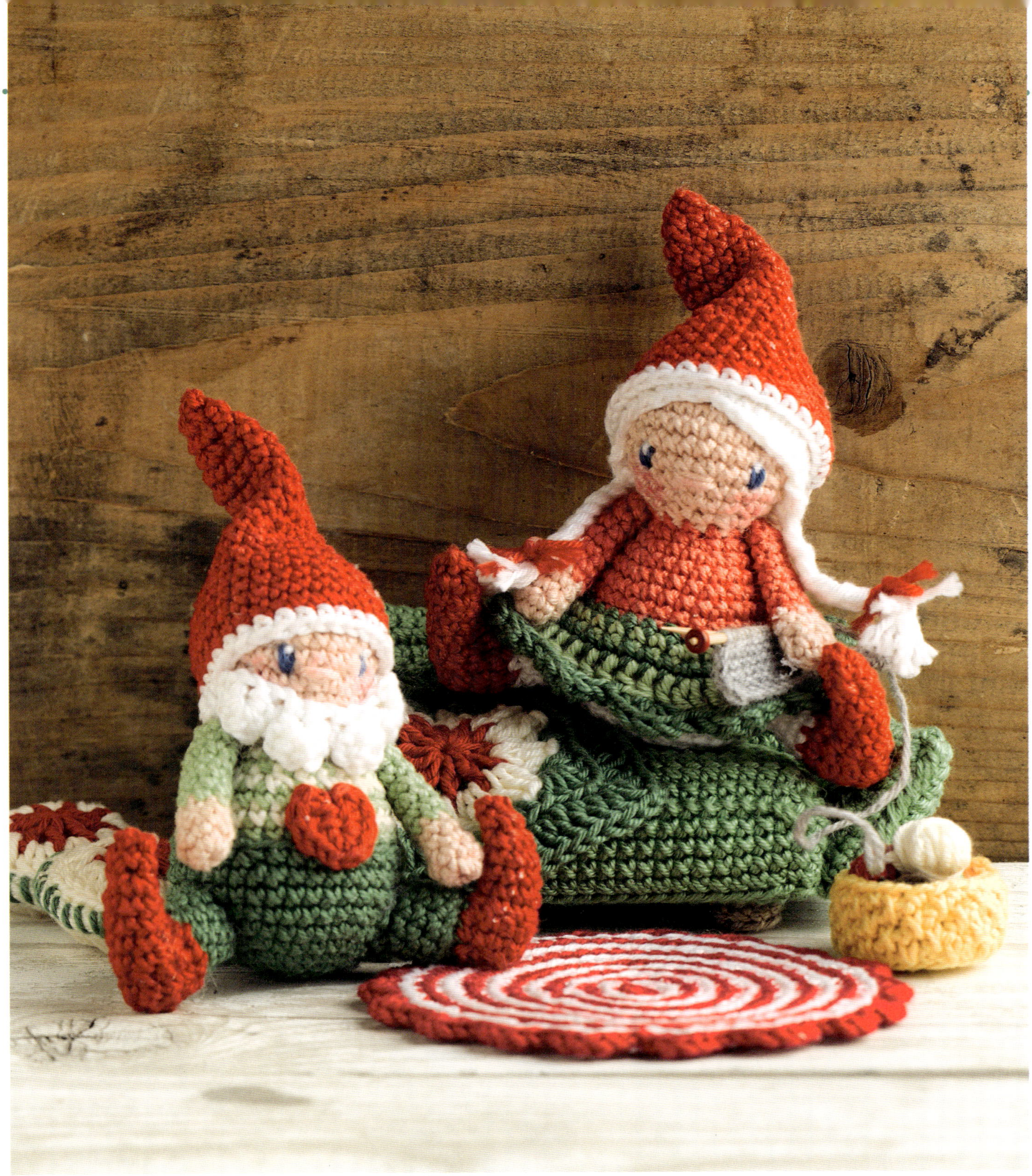

Streifenfolge
1 Rd in Frühlingsgrün und 1 Rd in Natur im Wechsel häkeln.

Farbwechsel
Die letzte M der einen Fb schon mit der neuen Fb abmaschen, damit ein exakter Fb-Übergang entsteht.

Anleitung
Alle Teile werden in Spiral-Rd gehäkelt. Dafür den Beginn jeder Rd mit einem M-Markierer oder Kontrastgarn kennzeichnen.

MÄDCHEN
Kopf und Körper
In Pastellrosa einen Magic-Ring anfertigen.

1. Rd: 6 fM in den Ring häkeln (= 6 M). Weiter in Spiral-Rd häkeln.

2. Rd: Jede fM verdoppeln (= 12 M).

3. Rd: Jede 2. fM verdoppeln (= 18 M).

4. Rd: Jede 3. fM verdoppeln (= 24 M).

5. Rd: Jede 4. fM verdoppeln (= 30 M).

6.+7. Rd: Jeweils 30 fM häkeln.

8. Rd: Jede 4. und 5. fM zusammen abmaschen (= 24 M).

9. Rd: 24 fM häkeln.

10. Rd: Jede 3. und 4. fM zusammen abmaschen (= 18 M).

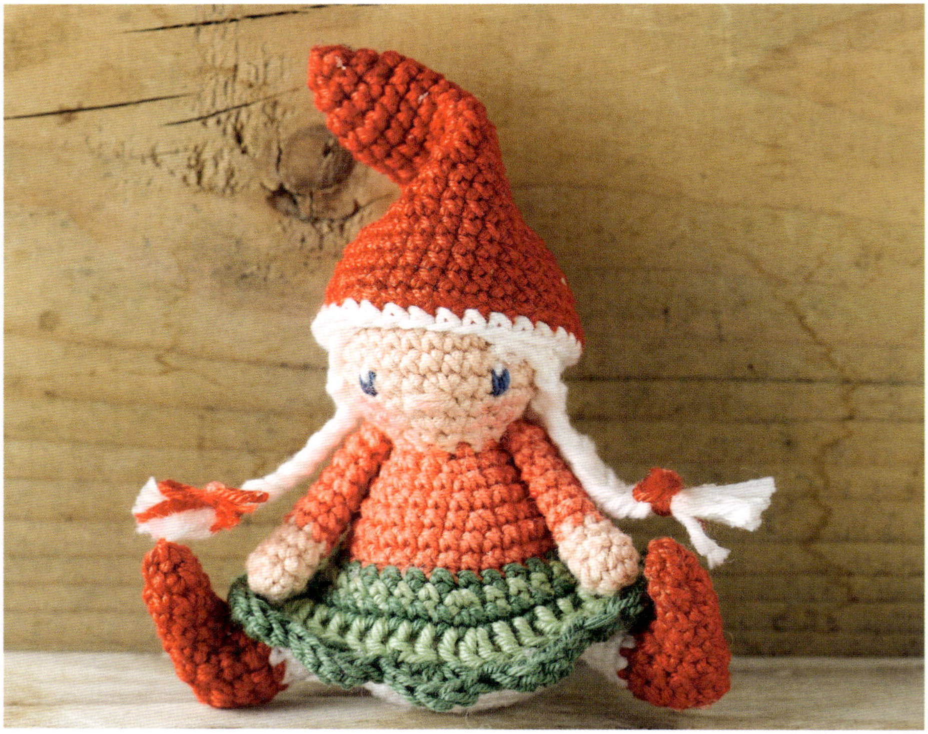

11. Rd: Jede 2. und 3. fM zusammen abmaschen (= 12 M).
Den Kopf mit Füllwatte ausstopfen.
12. Rd (Azalee): 12 fM häkeln.
13. Rd: Jede 2. fM verdoppeln (= 18 M).
14. Rd: Jede 3. fM verdoppeln (= 24 M).
15. Rd: 24 fM häkeln.
16. Rd: Jede 4. fM verdoppeln (= 30 M).
17.+18. Rd: Jeweils 30 fM häkeln.
19. Rd (Weiß): 30 fM in die hinteren M-Glieder häkeln.
20. Rd: Jede 5. fM verdoppeln (= 36 M).
21.–23. Rd: Jeweils 36 fM häkeln.
24. Rd: Jede 5. und 6. fM zusammen abmaschen (= 30 M).
25. Rd: Jede 4. und 5. fM zusammen abmaschen (= 24 M).
26. Rd: Jede 3. und 4. fM zusammen abmaschen (= 18 M).
Den Körper mit Füllwatte ausstopfen.
27. Rd: Jede 2. und 3. fM zusammen abmaschen (= 12 M).
28. Rd: Immer 2 fM zusammen abmaschen (= 6 M).
Faden lang abschneiden, durchziehen, in eine Nd fädeln und die letzten 6 M damit zusammennähen.

Rock

In Farngrün in einem vorderen M-Glied der 18. Rd des Körpers anschlingen und rundum wie folgt häkeln.
1. Rd: Jede 5. fM verdoppeln (= 36 M).
Weiter in Spiral-Rd häkeln.
2. Rd (Frühlingsgrün): Jede 6. fM verdoppeln (= 42 M).
3. Rd (Farngrün): Jede 7. fM verdoppeln (= 48 M).
4. Rd (Frühlingsgrün): * 7 Stb, 2 Stb in 1 M, ab * noch 5x wdh (= 54 M).
5. Rd (Farngrün): * 5 Stb in 1 M, 1 M überspringen, 1 Km, 1 M überspringen, ab * noch 12x wdh. Enden mit 5 Stb in 1 M, 1 M überspringen. Mit 1 Km schließen.
Faden abschneiden und durchziehen.

Arm (2x)

In Pastellrosa einen Magic-Ring anfertigen.
1. Rd: 6 fM in den Ring häkeln (= 6 M).
Weiter in Spiral-Rd häkeln.
2.–4. Rd: Jeweils 6 fM häkeln.
5.–11. Rd (Azalee): Jeweils 6 fM häkeln.
Den Arm mit Füllwatte ausstopfen.
Faden abschneiden und durchziehen.
Den 2. Arm ebenso häkeln.

Schuh und Bein (2x)

In Rot 8 Lm anschlagen.
1. R: Ab der 2. Lm von der Nd aus 7 fM häkeln (= 7 M).
Weiter in R häkeln. Am Ende jeder R mit 1 Lm wenden.
2.–4. R: Jeweils 7 fM häkeln.
Weiter in Spiral-Rd häkeln. Dazu die 1. und letzte M der 4. Rd aneinanderlegen, so dass ein Ring entsteht.
1. Rd: 7 fM häkeln.

2.+3. Rd: Jeweils 7 fM häkeln.
4. Rd: * 1 fM, 2 fM zusammen abmaschen, ab * noch 1x wdh, 1 fM (= 5 M).
5. Rd: 5 fM häkeln.
Den Schuh mit Füllwatte ausstopfen, die Schuhspitzn nicht ausstopfen.
Faden lang abschneiden, durchziehen, in eine Nd fädeln und die letzten 5 M damit zusammennähen.
Für den Schaft in Rot in einer Rdm an der oberen Öffnung neu anschlingen und in Rd häkeln.
1. Rd: 9 fM häkeln (= 9 M).
2. Rd (Weiß): 9 fM häkeln. Mit 1 Km schließen.
3.–5. Rd: Jeweils 9 fM häkeln.
Mit 1 Km schließen.
Das Bein gleichmäßig mit Füllwatte ausstopfen. Faden abschneiden und durchziehen.
Das 2. Bein mit Schuh ebenso häkeln.

Haare

In Weiß einen Magic-Ring anfertigen.
1. Rd: 6 fM in den Ring häkeln (= 6 M).
2. Rd: Jede fM verdoppeln (= 12 M).
3. Rd: Jede 2. fM verdoppeln (= 18 M).
4. Rd: Jede 3. fM verdoppeln (= 24 M).
5. Rd: Jede 4. fM verdoppeln (= 30 M).
6.–9. Rd: Jeweils 30 fM häkeln.
10. Rd: 4 fM, 1 hStb, 8 Stb, 1 hStb, 2 fM, 1 Km, 2 fM, 3 hStb, 8 fM (= 30 M).
Mit 1 Km schließen. Faden abschneiden und durchziehen.

Mütze

In Rot 31 Lm anschlagen und mit 1 Km zum Ring schließen.
1. Rd: 30 fM häkeln (= 30 M).
Weiter in Spiral-Rd häkeln.
2.–6. Rd: Jeweils 30 fM häkeln.
7. Rd: Jede 4. und 5. fM zusammen abmaschen (= 24 M).
8.+9. Rd: Jeweils 24 fM häkeln.
10. Rd: Jede 3. und 4. fM zusammen abmaschen (= 18 M).
11.+12. Rd: Jeweils 18 fM häkeln.
13. Rd: Jede 2. und 3. fM zusammen abmaschen (= 12 M).
14.–17. Rd: Jeweils 12 fM häkeln.
18. Rd: Jede 2. und 3. fM zusammen abmaschen (= 8 M).
19. Rd: 8 fM häkeln.
20. Rd: Immer 2 fM zusammen abmaschen (= 4 M).
Faden lang abschneiden, durchziehen, in eine Nd fädeln und die letzten 4 M damit zusammennähen.
In Weiß einen Rand an die 1. Rd der Wichtelmütze häkeln. Die Spitze der Wichtelmütze zeigt zum Häkelnden.
1. Rd: * 1 fM, 1 Lm, ab * fortlaufend wdh. Mit 1 Km schließen (= 60 M).
Faden abschneiden und durchziehen.

Fertigstellen

Die Haare auf den Kopf kleben. Für die Zöpfe in Weiß 2x 6 Fäden mit einer Länge von ca. 8 cm zuschneiden. Die Fäden halbiert zusammenfalten, an die 11. Rd der Haare knüpfen und zu Zöpfen flechten. Mit einer Schleife in Rot sichern. Die Mütze auf den Kopf nähen oder kleben und dabei etwas stauchen. Die Arme zwischen der 12. und 13. Rd des Körpers annähen. Die Beine mit Überwendlingsstich an den Körper nähen, so dass die Wichtelfigur gut sitzen kann. Die offene Naht an der Ferse schließen. Für das Gesicht in Pastellrosa über 2 M eine Nase aufsticken. Die Augen links und rechts davon in Royal und Weiß aufsticken. Zum Schluss die Wangen mit Rouge auftupfen. Alle Fäden vernähen.

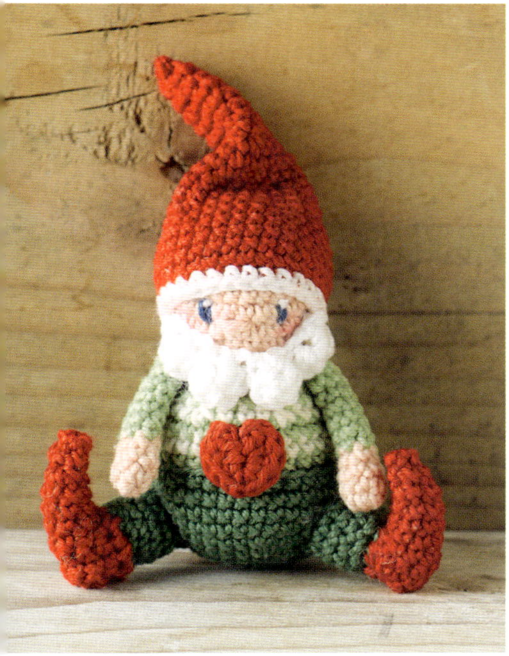

JUNGE

Kopf und Körper

In Pastellrosa einen Magic-Ring anfertigen.
1. Rd: 6 fM in den Ring häkeln (= 6 M).
2. Rd: Jede fM verdoppeln (= 12 M).
3. Rd: Jede 2. fM verdoppeln (= 18 M).
4. Rd: Jede 3. fM verdoppeln (= 24 M).
5. Rd: Jede 4. fM verdoppeln (= 30 M).
6.+7. Rd: Jeweils 30 fM häkeln.
8. Rd: Jede 4. und 5. fM zusammen abmaschen (= 24 M).
9. Rd: 24 fM häkeln.
10. Rd: Jede 3. und 4. fM zusammen abmaschen (= 18 M).
11. Rd: Jede 2. und 3. fM zusammen abmaschen (= 12 M).
Den Kopf gleichmäßig mit Füllwatte ausstopfen.
12. Rd (Frühlingsgrün): 12 fM häkeln.
13. Rd (Natur): Jede 2. fM verdoppeln (= 18 M).
Weiter in der Streifenfolge (siehe Seite 22) häkeln.
14. Rd: Jede 3. fM verdoppeln (= 24 M).
15. Rd: 24 fM häkeln.
16. Rd: Jede 4. fM verdoppeln (= 30 M).
17.+18.Rd: Jeweils 30 fM häkeln.
19. Rd (Farngrün): 30 fM in die hinteren M-Glieder häkeln.
20. Rd: Jede 5. fM verdoppeln (= 36 M).
21.–23. Rd: Jeweils 36 fM häkeln.
24. Rd: Jede 5. und 6. fM zusammen abmaschen (= 30 M).
25. Rd: Jede 4. und 5. fM zusammen abmaschen (= 24 M).
26. Rd: Jede 3. und 4. fM zusammen abmaschen (= 18 M).

Den Körper gleichmäßig mit Füllwatte ausstopfen.
27. Rd: Jede 2. und 3. fM zusammen abmaschen (= 12 M).
28. Rd: Immer 2 fM zusammen abmaschen (= 6 M).
Faden lang abschneiden, durchziehen, in eine Nd fädeln und die letzten 6 M damit zusammennähen.

Arm (2x)

In Pastellrosa einen Magic-Ring anfertigen.
1. Rd: 6 fM in den Ring häkeln (= 6 M).
2.–4. Rd: Jeweils 6 fM häkeln.
5.–11. Rd (Frühlingsgrün): Jeweils 6 fM häkeln.
Den Arm gleichmäßig mit Füllwatte ausstopfen.
Faden abschneiden und durchziehen.
Den 2. Arm ebenso häkeln.

Schuh und Bein (2x)

In Rot 8 Lm anschlagen.
1. R: Ab der 2. Lm von der Nd aus 7 fM häkeln (= 7 M).
Weiter in R häkeln. Am Ende jeder R mit 1 Lm wenden.
2.–4. R: Jeweils 7 fM häkeln.
Weiter in Spiral-Rd häkeln. Dazu die 1. und letzte M der 4. Rd aneinanderlegen, so dass ein Ring entsteht.
1. Rd: 7 fM häkeln.
2.+3. Rd: Jeweils 7 fM häkeln.
4. Rd: * 1 fM, 2 fM zusammen abmaschen, ab * noch 1x wdh, 1 fM (= 5 M).
5. Rd: 5 fM häkeln.
Den Schuh mit Füllwatte ausstopfen, die Schuhspitzen nicht ausstopfen.
Faden lang abschneiden, durchziehen, in eine Nd fädeln und die letzten 5 M damit zusammennähen.
Für den Schaft in Rot in einer Rdm an der oberen Öffnung neu anschlingen und in Rd häkeln.
1. Rd: 9 fM häkeln (= 9 M).
2. Rd (Farngrün): 9 fM häkeln. Mit 1 Km schließen.
3.–5. Rd: Jeweils 9 fM häkeln. Mit 1 Km schließen.

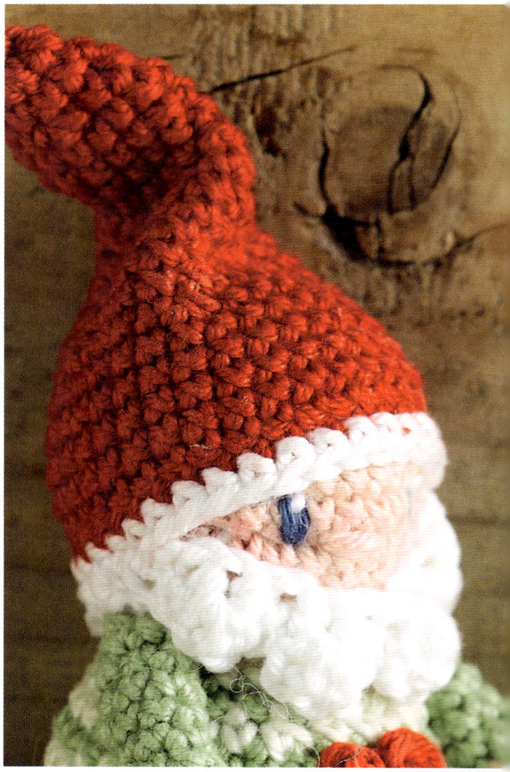

Das Bein gleichmäßig mit Füllwatte ausstopfen. Faden abschneiden und durchziehen.
Das 2. Bein mit Schuh ebenso häkeln.

Mütze mit Bart

In Rot 31 Lm anschlagen und mit 1 Km zum Ring schließen.
1. Rd: 30 fM häkeln (= 30 M).
Weiter in Spiral-Rd häkeln.
2.–6. Rd: Jeweils 30 fM häkeln.
7. Rd: Jede 4. und 5. fM zusammen abmaschen (= 24 M).
8.+9. Rd: Jeweils 24 fM häkeln.
10. Rd: Jede 3. und 4. fM zusammen abmaschen (= 18 M).
11.+12. Rd: Jeweils 18 fM häkeln.
13. Rd: Jede 2. und 3. fM zusammen abmaschen (= 12 M).
14.–17. Rd: Jeweils 12 fM häkeln.
18. Rd: Jede 2. und 3. fM zusammen abmaschen (= 8 M).
19. Rd: 8 fM häkeln.
20. Rd: Immer 2 fM zusammen abmaschen (= 4 M).
Faden lang abschneiden, durchziehen, in eine Nd fädeln und die letzten 4 M damit zusammennähen.
In Weiß am Rand der Mütze (= 1. Rd) neu anschlingen. Die Spitze der Mütze zeigt zum Häkelnden.
1. Rd: 30 fM häkeln. Mit 1 Km schließen (= 30 M).
2. Rd: * 1 fM, 1 Lm, ab * noch 17x wdh, 16 Lm anschlagen (= Bart), 12 M überspringen. Mit 1 Km schließen.
Mit 1 Lm wenden und weiter den Bart auf der Lm-Kette zurückhäkeln:
3. Rd: * 5 Stb in 1 M, 1 Lm überspringen, 1 Km in die nächste Lm, 1 Lm überspringen, ab * noch 3x wdh. Mit 1 Km in die nächste M der Vor-Rd schließen. Faden abschneiden und durchziehen.

Herz

In Rot einen Magic-Ring anfertigen, aber noch nicht zusammenziehen.
1. Rd: In den Ring häkeln: 3 Lm, 2 Stb, 1 hStb, 1 fM, 1 Lm, 1 fM, 1 Lm, 1 fM, 1 hStb, 3 Stb, 1 Km in die oberste Lm. Nun den Magic-Ring zusammenziehen, so dass ein Herz entsteht. Faden abschneiden und durchziehen.

Fertigstellen

Die Arme zwischen der 12. und 13. Rd des Körpers annähen. Die Beine mit Überwendlingsstich an den Körper nähen, so dass die Wichtelfigur gut sitzen kann. Die offene Naht an der Ferse schließen. Für das Gesicht in Pastellrosa über 2 M eine Nase aufsticken. Die Augen links und rechts davon in Royal und Weiß aufsticken. Zum Schluss die Wangen mit Rouge auftupfen. Die Mütze über den Kopf stülpen und dabei etwas stauchen. So aufnähen oder festkleben, dass das Gesicht von der Mütze und dem Bart umrahmt ist. Ggf. den Bart leicht fixieren. Das Herz auf den Bauch kleben. Alle Fäden vernähen.

Was der Wichtel alles braucht ...

Handschuhe, Schuhe und Sack

Wichtel mögen am liebsten ihre selbstgestrickten und selbstgehäkelten Pullover. Auch der Rest ihrer Garderobe kommt nicht aus dem Weihnachtskaufhaus, die fleißigen Wesen machen auch Handschuhe und Kleidung selbst.

SCHWIERIGKEITSGRAD

Handschuhe und Sack: 1
Schuhe: 3

GRÖSSE

Handschuhe: 1,5 cm x 1,5 cm
Sack: 4,5 cm x 5 cm
Schuhe: 3,5 cm x 1,5 cm

MATERIAL

- Lana Grossa Cotone (LL 125 m/50 g) in Rot (Fb 18), Weiß (Fb 22) und Sandgelb (Fb 116), je 50 g
- Häkelnadel 2,5 mm
- Wollnadel ohne Spitze

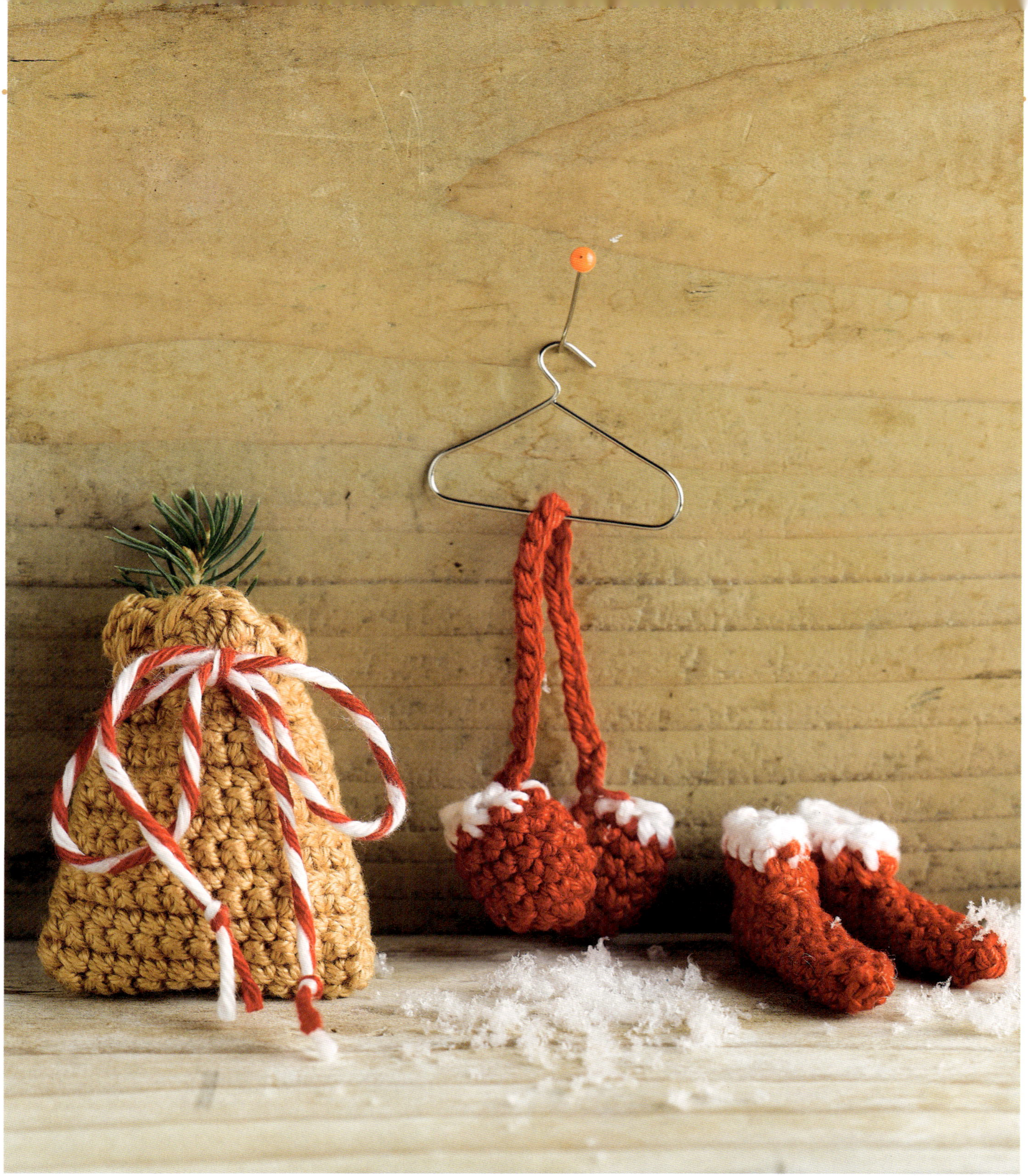

Anleitung

Die Handschuhe werden in Spiral-Rd gearbeitet. Die Schuhe werden in R begonnen und in Spiral-Rd weitergehäkelt. Dafür den Beginn jeder Rd mit einem M-Markierer oder Kontrastgarn kennzeichnen. Der Wichtelsack wird in R gehäkelt.

Handschuh (2x)

In Rot einen Magic-Ring anfertigen.
1. Rd: 6 fM in den Ring häkeln (= 6 M).
Weiter in Spiral-Rd arb.
2. Rd: Jede 2. fM verdoppeln (= 9 M).
3.–5. Rd: Jeweils 9 fM häkeln.

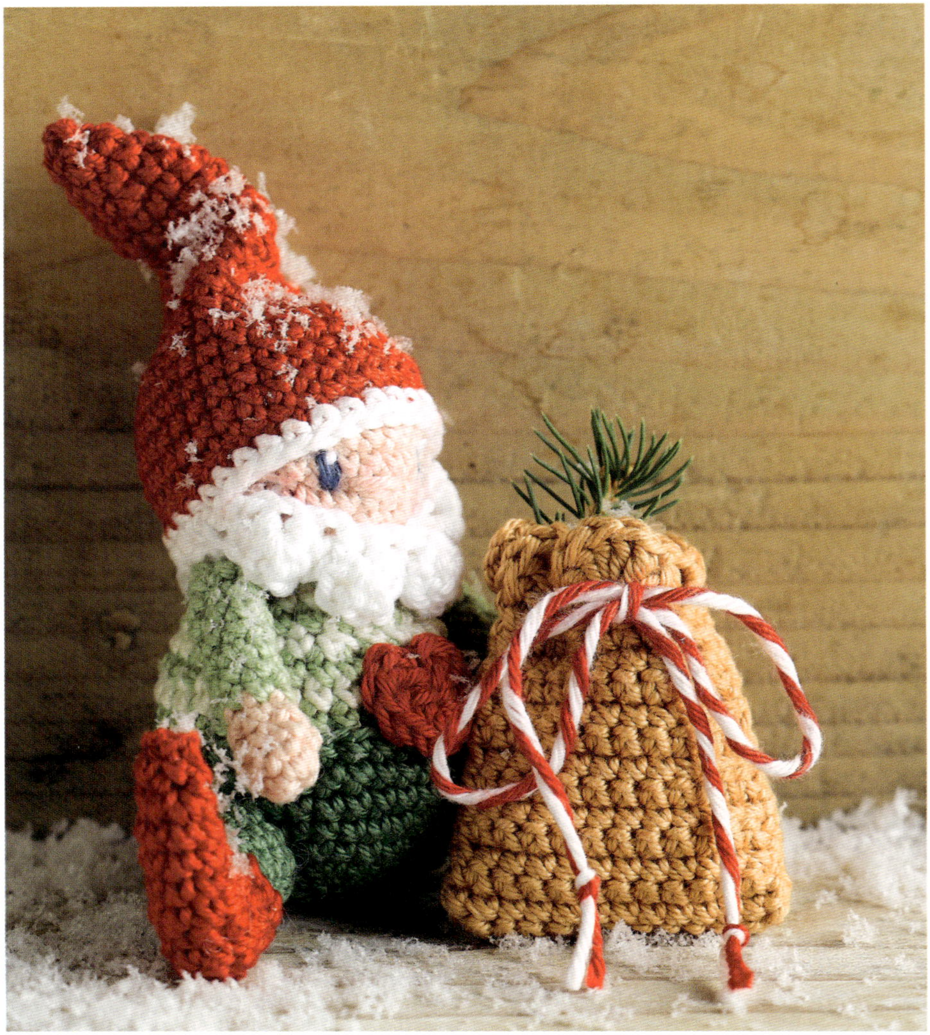

6. Rd. (Weiß): Jede 2. und 3. fM zusammen abmaschen (= 6 M).
Mit 1 Km schließen. Faden abschneiden und durchziehen.
Den 2. Handschuh ebenso häkeln.
Um die einzelnen Handschuhe zu verbinden ein Band in Rot häkeln. Dafür 25 Lm anschlagen und das Band an beiden Handschuhen annähen. Alle Fäden vernähen.

SCHUH (2x)

In Rot 8 Lm anschlagen.
1. R: Ab der 2. Lm von der Nd aus 7 fM häkeln (= 7 M).
Weiter in R häkeln. Am Ende jeder R mit 1 Lm wenden.
2.–4. R: Jeweils 7 fM häkeln.
Weiter in Spiral-Rd häkeln. Dazu die 1. und letzte M der 4. Rd aneinanderlegen, so dass ein Ring entsteht.
1. Rd: 7 fM häkeln.
2.+3. Rd: Jeweils 7 fM häkeln.
4. Rd: * 1 fM, 2 fM zusammen abmaschen, ab * noch 1x wdh, 1 fM (= 5 M).
5. Rd: 5 fM häkeln.
6. Rd. (Weiß): 5 fM häkeln.
Faden lang abschneiden, durchziehen, in eine Nd fädeln und die letzten 5 M damit zusammennähen. Den Schuh mit Füllwatte ausstopfen, dabei die Schuhspitzen nicht ausstopfen.
Für den Schaft in Rot in einer Rdm an der oberen Öffnung neu anschlingen und in Rd häkeln.
1. Rd: 9 fM häkeln.
2. Rd (Weiß): 9 fM häkeln.
Mit 1 Km schließen. Faden abschneiden und durchziehen.
Den 2. Schuh ebenso häkeln.
Bei den Schuhen die offene Naht an der Ferse schließen. Alle Fäden vernähen.

SACK

In Sandgelb 13 Lm anschlagen.
1. R: Ab der 2. Lm von der Nd aus 12 fM häkeln (= 12 M).
Weiter in R häkeln. Am Ende jeder R mit 1 Lm wenden.
2.–14. R: Jeweils 12 fM häkeln.
Das entstandene Rechteck zusammenfalten und die beiden Seiten links und rechts mit Überwendlingsstich zusammennähen. Dann am oberen Rand neu anschlingen und eine Borte wie folgt häkeln:
1. Rd: * 5 Stb in 1 M, 1 M überspringen, 1 Km, 1 M überspringen, ab * fortlaufend wdh.
Mit 1 Km schließen. Faden abschneiden und durchziehen.
Für das Band des Sacks je ein ca. 20 cm langes Stück Garn in Rot und Weiß zuschneiden und daraus eine Kordel drehen. Das Band durch die übersprungenen M am oberen Rand des Sacks fädeln und eine Schleife binden.
Alle Fäden vernähen.

IM WICHTEL-WINTER-WUNDERLAND

Wenn die Sonne auf den weißen Schnee fällt und der Himmel wolkenlos ist, zieht es auch die Wichtel nach draußen. Ihre Haustür schmücken sie mit einem Kranz und vor der Tür wird die Fußmatte ausgerollt. Sie leben in der Nähe des Waldes und lieben die Tiere, deswegen dürfen Tannenbäume und das Vogelhäuschen nicht fehlen. Ob Schneeballschlacht, einen Schneemann bauen oder Ski fahren, die Wichtel wissen, was Spaß macht.

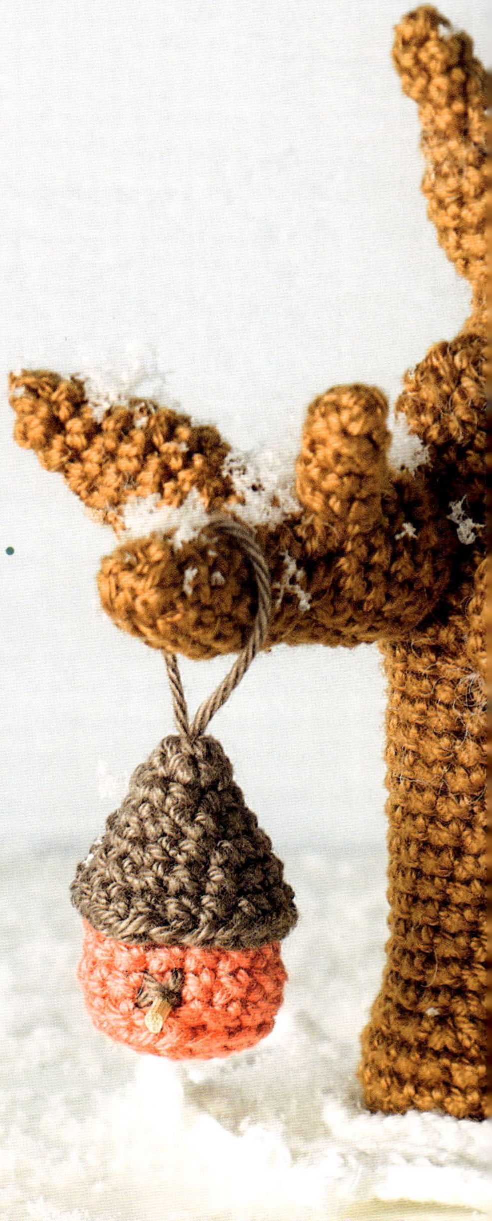

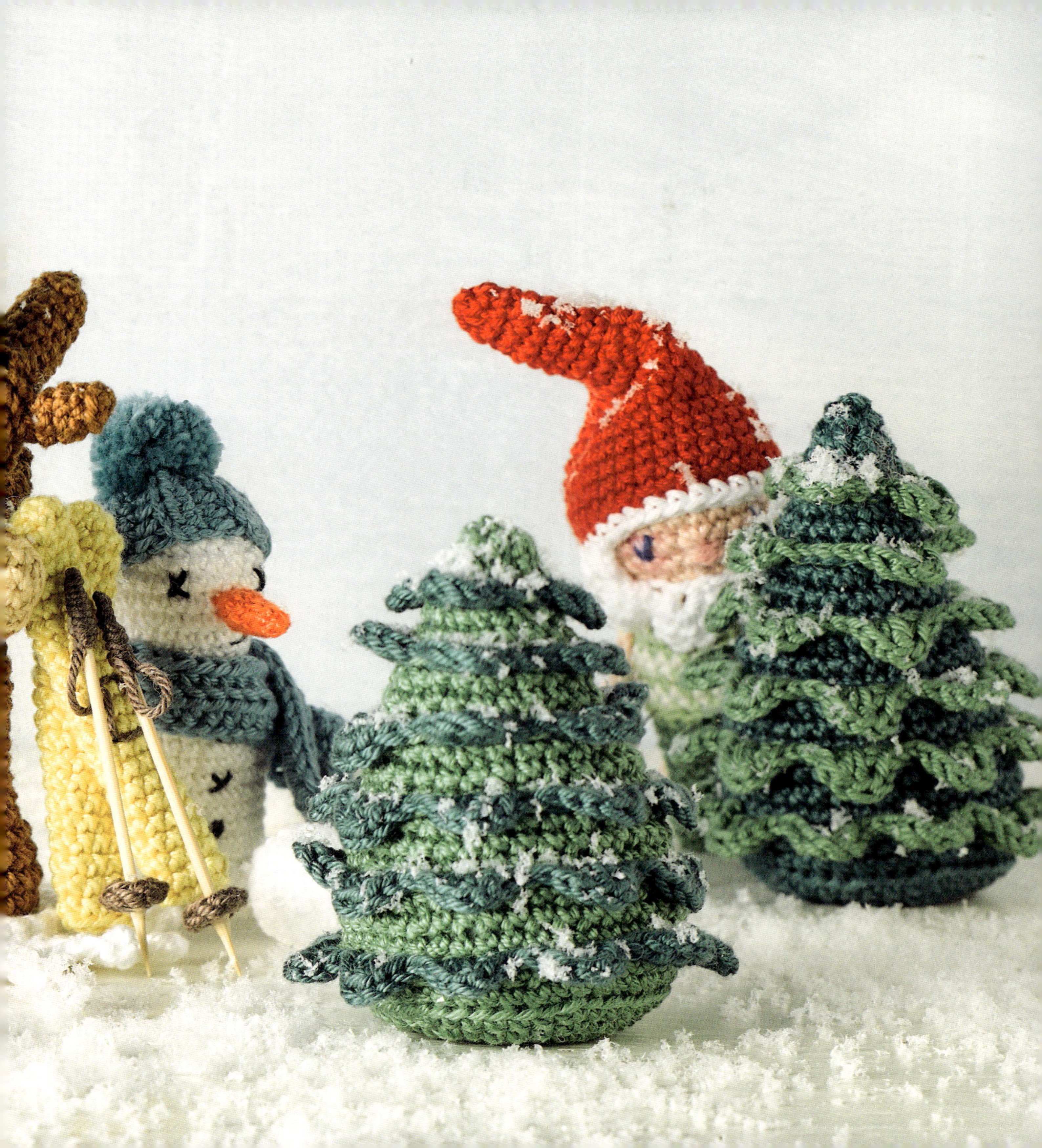

Hereinspaziert!

Eingangstür mit Kranz und Fußmatte

Bei manchen Familien ziehen die Wichtel schon im Oktober ein und machen es sich gemütlich. Andere Wichtel machen alles auf den letzten Drücker und kommen erst am 1. Dezember ins Haus und richten sich ihr Heim ein.

SCHWIERIGKEITSGRAD 2

GRÖSSE

Tür: 9,5 cm x 6,5 cm
Fußmatte: 4 cm x 8,5 cm

MATERIAL

- Lana Grossa Cotone (LL 125 m/50 g) in Terracotta (Fb 69) und Beige (Fb 26), je 50 g, in Sandgelb (Fb 116), Graubraun (Fb 30), Blaugrün (Fb 79) und Rot (Fb 18), Reste
- Häkelnadel 2,5 mm
- Wollnadel ohne Spitze
- feste Pappe
- Bastelkleber

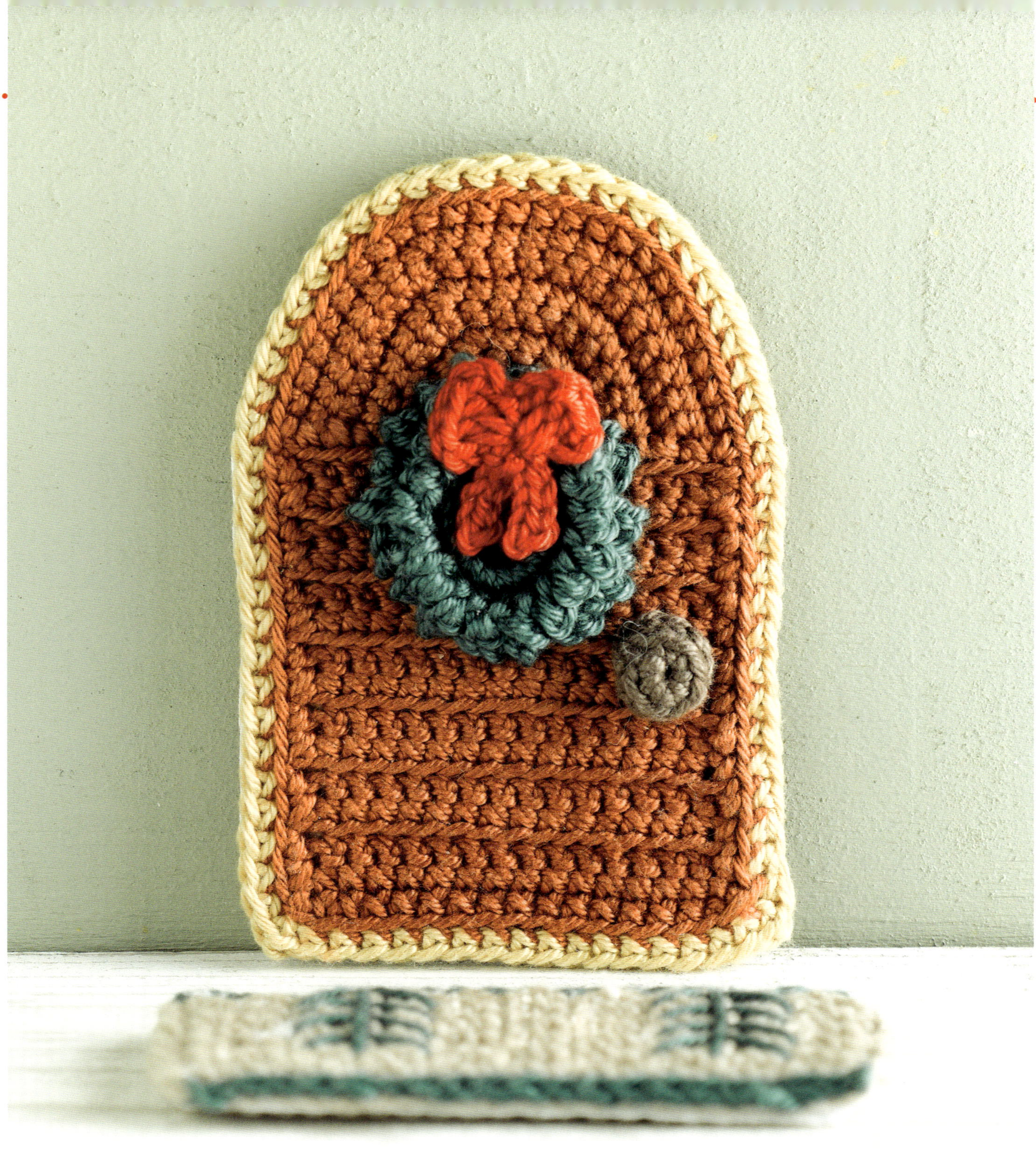

Anleitung

Alle Teile mit Ausnahme der Tür und der Fußmatte werden in Spiral-Rd gearbeitet. Dafür den Beginn jeder Rd mit einem M-Markierer oder Kontrastgarn kennzeichnen. Der obere Bogen der Tür wird von einem Magic-Ring ausgehend in R gehäkelt. Dadurch entsteht ein Halbkreis.

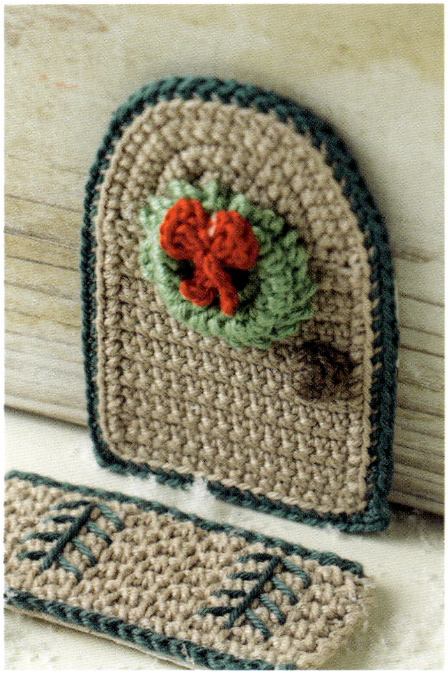

GESCHMÜCKTE TÜR

Tür

In Terracotta einen Magic-Ring anfertigen.
1. R: 6 fM in den Ring häkeln (= 6 M).
Weiter den oberen Bogen in R häkeln. Am Ende jeder R mit 1 Lm wenden.
2. R: Jede 2. fM verdoppeln (= 9 M).
3. R: Jede 3. fM verdoppeln (= 12 M).
4. R: Jede 4. fM verdoppeln (= 15 M).
5. R: Jede 5. fM verdoppeln (= 18 M).
6. R: Jede 6. fM verdoppeln (= 21 M).
7. R: Jede 7. fM verdoppeln (= 24 M).
Nun 1 Lm arb und in R am Kreisdurchmesser entlang weiterhäkeln:
8. R: 15 fM häkeln (= 15 M).
9. R: 15 fM in die vorderen M-Glieder arb.
10. R: 15 fM in beide M-Glieder arb.
11. R: 15 fM in die vorderen M-Glieder arb.
12.–21. R: Die 10. und 11. R fortlaufend wdh.
22. R: 15 fM in beide M-Glieder arb.
Nicht wenden! Weiter in Sandgelb die Tür wie folgt mit fM umhäkeln:
1 Lm, 14 fM, 24 fM um den Bogen, 14 fM, 1 Lm, 15 fM. Mit 1 Km schließen.
Faden abschneiden und durchziehen.

Türknauf

In Graubraun einen Magic-Ring anfertigen.
1. Rd: 8 fM in den Ring häkeln (= 8 M).
Weiter in Spiral-Rd häkeln.
2. Rd: 8 fM häkeln.
Mit 1 Km schließen. Faden abschneiden und durchziehen.

Kranz

In Blaugrün einen Magic-Ring anfertigen.
1. Rd: 18 fM in den Ring häkeln (= 18 M).
Weiter in Spiral-Rd häkeln.
2. Rd: In die hinteren M-Glieder häkeln:
* 3 Lm, 2 Km in die 2. Lm von der Nd aus, 1 Km in die nächste Lm, 1 Km in die nächste fM der 1. Rd, ab * noch 17x wdh. Mit 1 Km schließen.
Nun in die vorderen M-Glieder der 1. Rd häkeln: * 3 Lm, 2 Km in die 2. Lm von der Nd aus, 1 Km in die nächste Lm, 1 Km in die nächste fM der 1. Rd, ab * noch 17x wdh. Mit 1 Km schließen. Faden abschneiden und durchziehen.

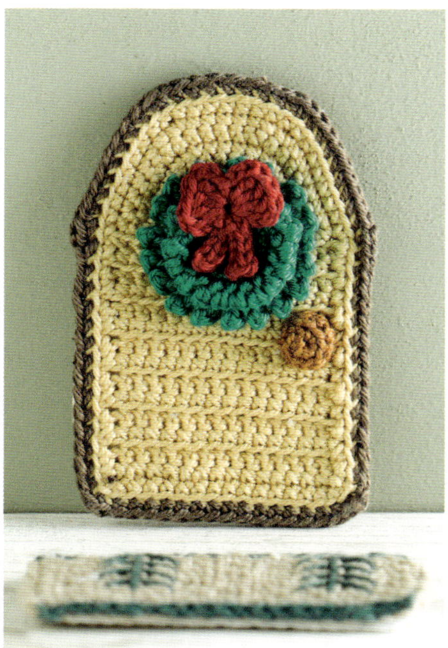

Schleife

In Rot einen Magic-Ring anfertigen, aber noch nicht zusammenziehen.
1. Rd: In den Ring wie folgt häkeln: 3 Lm, 2 Stb, 3 Lm, 1 Km in den Ring, 3 Lm, 2 Stb, 3 Lm, 1 Km in den Ring, * 5 Lm, ab der 2. Lm von der Nd aus 4 Km auf die Lm-Kette, 1 Km in den Ring, ab * noch 1x wdh.
Den Magic Ring zusammenziehen. Faden abschneiden und durchziehen.

FUSSMATTE

In Beige 21 Lm anschlagen.
1. R: Ab der 2. Lm von der Nd aus 20 fM häkeln (= 20 M).
Weiter in R häkeln. Am Ende jeder R mit 1 Lm wenden.
2. Rd: * 1 fM, 1 tiefergestochene fM, ab * fortlaufend wdh.
3. Rd: * 1 tiefergestochene fM, 1 fM, ab * fortlaufend wdh.
4.–12. Rd: Die 2. und 3. Rd fortlaufend wdh.
Jeweils an die 1. und 12. R in Blaugrün anschlingen und 20 Km häkeln.

Fertigstellen

Alle Fäden vernähen. Wer will, kann für mehr Stabilität auf die Rückseite von Tür und Fußmatte mit Bastelkleber Pappe aufkleben. Die Schleife auf den Kranz, den Kranz und den Türknauf auf die Tür kleben. In Blaugrün zwei stilisierte Tannen auf die Fußmatte sticken.

Wichtelpost

Briefkasten

Nicht nur der Weihnachtsmann bekommt vor Weihnachten viele Briefe. Um mit den Menschen zu kommunizieren, schreiben die Wichtel kleine Wichtelbriefe. Dort bitten die Wichtel unter anderem um den ein oder anderen Gefallen oder erzählen Geschichten von ihren Abenteuern.

SCHWIERIGKEITSGRAD 2

GRÖSSE

3,5 cm x 4,5 cm

MATERIAL

- Lana Grossa Cotone (LL 125 m/50 g) in Rot (Fb 18) und Weiß (Fb 22), je 50 g
- Häkelnadel 2,5 mm
- Wollnadel ohne Spitze

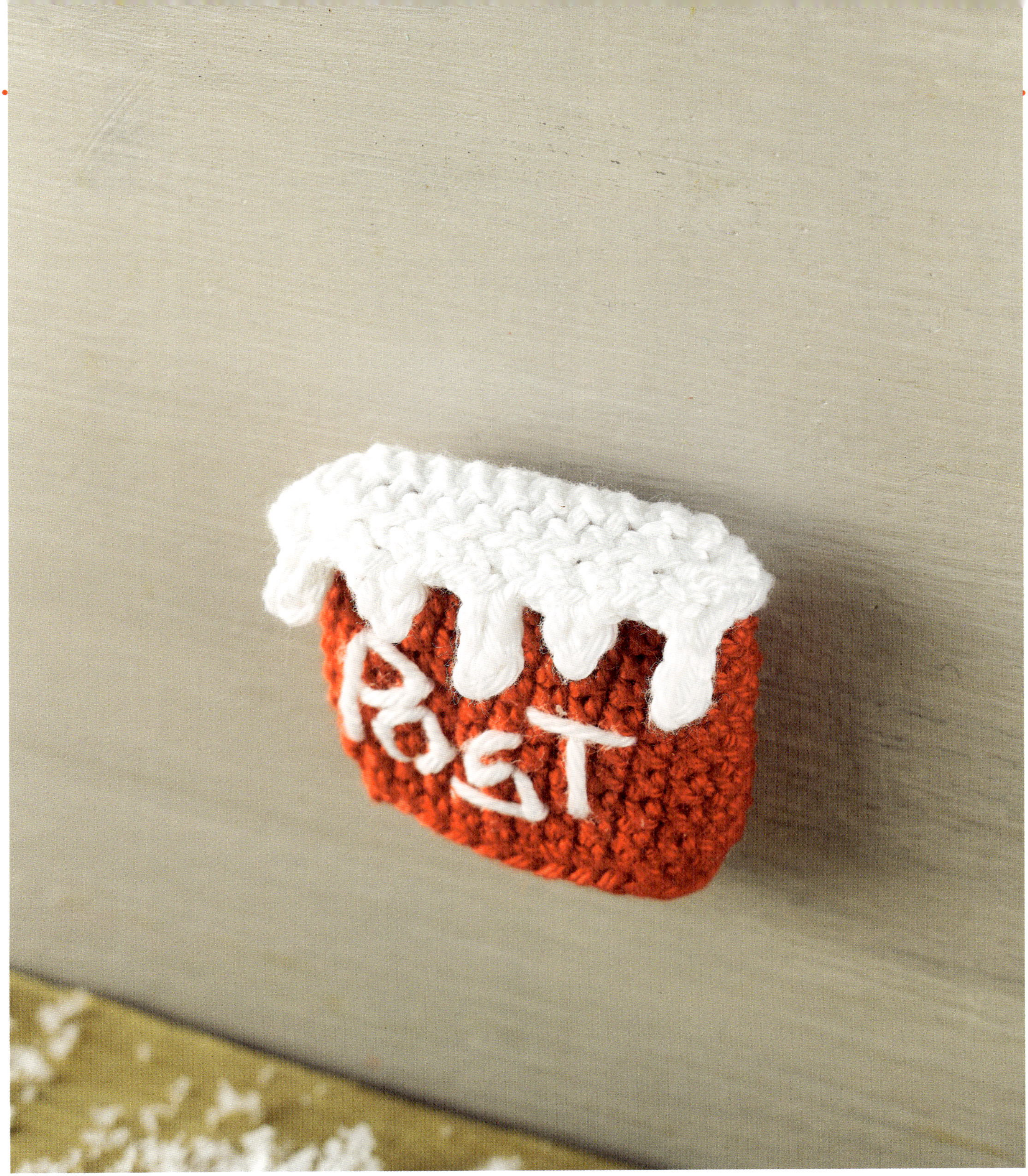
PoST

Anleitung

Deckel und Boden werden in R gehäkelt. Die Seitenwände des Kastens werden in Spiral-Rd gearbeitet. Dafür den Beginn jeder Rd mit einem M-Markierer oder Kontrastgarn kennzeichnen.

Deckel

In Weiß 11 Lm anschlagen.

1. R: Ab der 2. Lm von der Nd aus 10 fM häkeln (= 10 M).

Weiter in R häkeln. Am Ende jeder R mit 1 Lm wenden.

2.+3. R: Jeweils 10 fM häkeln.

Weiter den Deckel umhäkeln.

1. Rd: 1 Lm, 1 fM, [1 fM, 1 Lm, 1 fM] in 1 M (= 1. Ecke), 8 fM, [1 fM, 1 Lm, 1 fM] in 1 M (= 2. Ecke), 1 fM, [1 fM, 1 Lm, 1 fM] in 1 M (= 3. Ecke), 8 fM, 1 Km in die 1. M (= 4. Ecke) (= 29 M).

2. Rd: 1 Lm, 3 fM, * 4 Lm, ab der 2. Lm von der Nd aus 3 Km auf die Lm-Kette, 2 fM in die Vor-Rd, 3 Lm, ab der 2. Lm von der Nd aus 2 Km auf die Lm-Kette, 2 fM in die Vor-Rd, ab * noch 1x wdh, 4 Lm, ab der 2. Lm von der Nd aus 3 Km auf die Lm-Kette, 5 fM in die Vor-Rd, mit 1 Km schließen (= 17 M).

Faden abschneiden und durchziehen.

Kasten

Für den Boden in Rot 11 Lm anschlagen.

1. R: Ab der 2. Lm von der Nd aus 10 fM häkeln (= 10 M).

Weiter in R häkeln. Am Ende jeder R mit 1 Lm wenden.

2.+3. R: Jeweils 10 fM häkeln.

Weiter den Boden in Spiral-Rd umhäkeln.

1. Rd: 1 Lm, 1 fM, [1 fM, 1 Lm, 1 fM] in 1 M (= 1. Ecke), 8 fM, [1 fM, 1 Lm, 1 fM] in 1 M (= 2. Ecke), 1 fM, [1 fM, 1 Lm, 1 fM] in 1 M (= 3. Ecke), 8 fM, 1 Km in die 1. M (= 4. Ecke) (= 29 M).

2. Rd: 29 fM in die hinteren M-Glieder häkeln.

3.-11. Rd: Jeweils 29 fM häkeln.

Mit 1 Km schließen. Faden abschneiden und durchziehen.

Fertigstellen

Das Wort „Post" in Weiß auf den Kasten sticken. Dann den Deckel mit Überwendlingsstich mit der 4. Seite auf den Kasten nähen, damit er sich noch öffnen lässt. Alle Fäden vernähen.

TEXTVORSCHLÄGE FÜR WICHTELBRIEFE

HEJ!

Vielen lieben Dank für die tollen Weihnachtsplätzchen. Sie waren sooooo lecker! Draußen ist es bitterkalt geworden und der erste Schnee ist gefallen. Habt ihr Lust auf eine kleine Schneeballschlacht? Ich liebe Schnee und beim Weihnachtsmann am Nordpol gibt es sooooo viel davon. Ich freue mich schon auf den Spaß, den wir morgen haben werden!
Wichtelige Grüße
Euer Weihnachtswichtel Lasse

HEJ!

ich liebe Weihnachtsplätzchen. Leider habe ich gerade so viel zu tun und kann nicht selbst backen. Würdet ihr mir vielleicht welche backen? Die Backzutaten habe ich euch bereitgestellt. Vielen lieben Dank.
Wichtelige Grüße
Euer Weihnachtswichtel Lasse

HEJ!

Du wunderst Dich sicherlich, warum hier plötzlich eine Baustelle ist und eine kleine Tür hängt?
Ich bin Lasse, ein Weihnachtswichtel vom Weihnachtsmann. Jedes Jahr um die Weihnachtszeit schickt uns das Weihnachtsmannkommitee zu den Familien, um ihnen die Weihnachtszeit mit jeder Menge Spaß und Schabernack zu versüßen. Ich würde gern die Weihnachtszeit in diesem Jahr bei euch verbringen. Selbstverständlich nur, wenn das für euch OK ist.
Tagsüber schlafe ich hinter der Tür. Aber nachts, wenn ihr alle tief und fest schlaft, werkle ich an den Weihnachtsgeschenken, backe Weihnachtsplätzchen, und helfe damit dem Weihnachtsmann bei allen Vorbereitungen zum Weihnachtsfest. Ihr dürft mich allerdings nicht sehen, sonst verliere ich meine magischen Wichtelkräfte. Das ist schade, aber ihr könnt mir kleine Briefe schreiben und in meinen Briefkasten stecken. Dann antworte ich euch sehr gern.
Übrigens liebe ich Weihnachtsplätzchen, also wenn ihr mir hin und wieder ein paar zur Stärkung vor die Tür stellen würdet, wäre das toll. Dann kann ich gleich viel schneller arbeiten.
Ich freue mich auf eine tolle Zeit mit euch.
Wichtelige Grüße
Euer Weihnachtswichtel Lasse

Winterspaß

Schneemann und Schneebälle

Wichtel lieben Schnee sehr! Jedes Jahr an Weihnachten gibt es einen Schneemann-Wettbewerb. Alle Wichtel bauen fleißig Schneemänner und der schönste gewinnt! Zum Schluss machen alle Wichtel dann noch eine riesengroße Schneeballschlacht.

SCHWIERIGKEITSGRAD 1

GRÖSSE

Schneemann: 8 cm
Schneeball: ø 1,5 cm

MATERIAL

- Lana Grossa Cotone (LL 125 m/50 g) in Weiß (Fb 22) und Hellpetrol (Fb 43), je 50 g, in Schwarz (Fb 21) und Leuchtorange (Fb 93), Reste
- Häkelnadel 2,5 mm
- Wollnadel ohne Spitze
- feste Pappe
- Bastelkleber
- Füllwatte
- Mini-Pompon-Maker, 2 cm

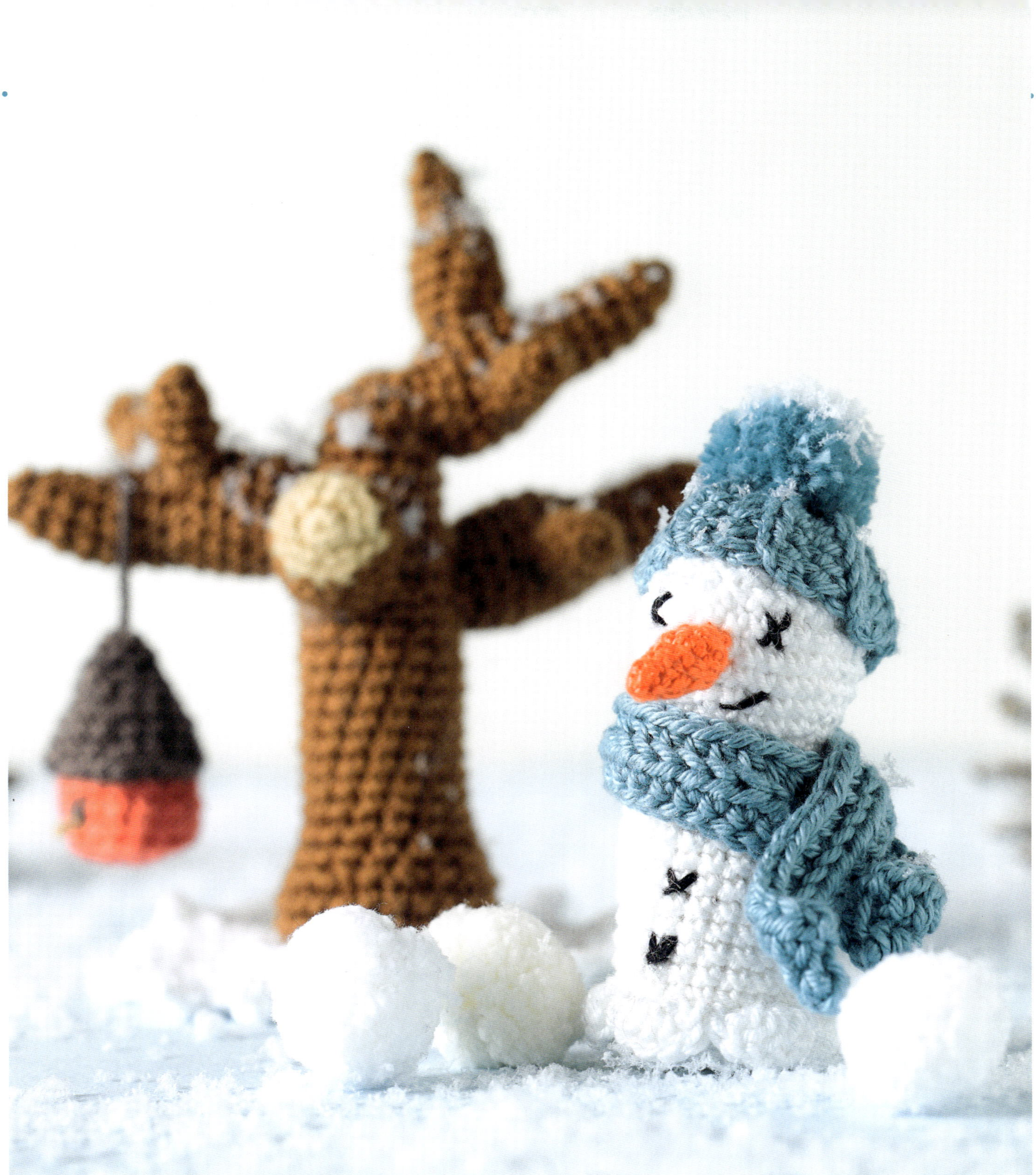

SCHNEEMANN

Körper und Nase werden in Spiral-Rd gehäkelt. Dafür den Beginn jeder Rd mit einem M-Markierer oder Kontrastgarn kennzeichnen. Schal und Mütze in R häkeln.

Körper

In Weiß einen Magic-Ring anfertigen.
1. Rd: 6 fM in den Ring häkeln (= 6 M). Weiter in Spiral-Rd häkeln.
2. Rd: Jede fM verdoppeln (= 12 M).
3. Rd: Jede 2. fM verdoppeln (= 18 M).
4. Rd: Jede 3. fM verdoppeln (= 24 M).
5. Rd: 24 fM häkeln.
6. Rd: 24 fM in die hinteren M-Glieder häkeln.

Für einen guten Stand aus Pappe einen Kreis im Durchmesser des Bodens zuschneiden und mit Bastelkleber auf die Innenseite des Bodens kleben.

7.–14. Rd: Jeweils 24 fM häkeln.
15. Rd: Jede 3. und 4. fM zusammen abmaschen (= 18 M).
16. Rd: 18 fM häkeln.
17. Rd: Jede 2. und 3. fM zusammen abmaschen (= 12 M).
18. Rd: Jede 2. fM verdoppeln (= 18 M).
19. Rd: Jede 3. fM verdoppeln (= 24 M).
20. Rd: 24 fM häkeln.
21. Rd: Jede 4. fM verdoppeln (= 30 M).
22.+23. Rd: Jeweils 30 fM häkeln.
24. Rd: Jede 4. und 5. fM zusammen abmaschen (= 24 M).

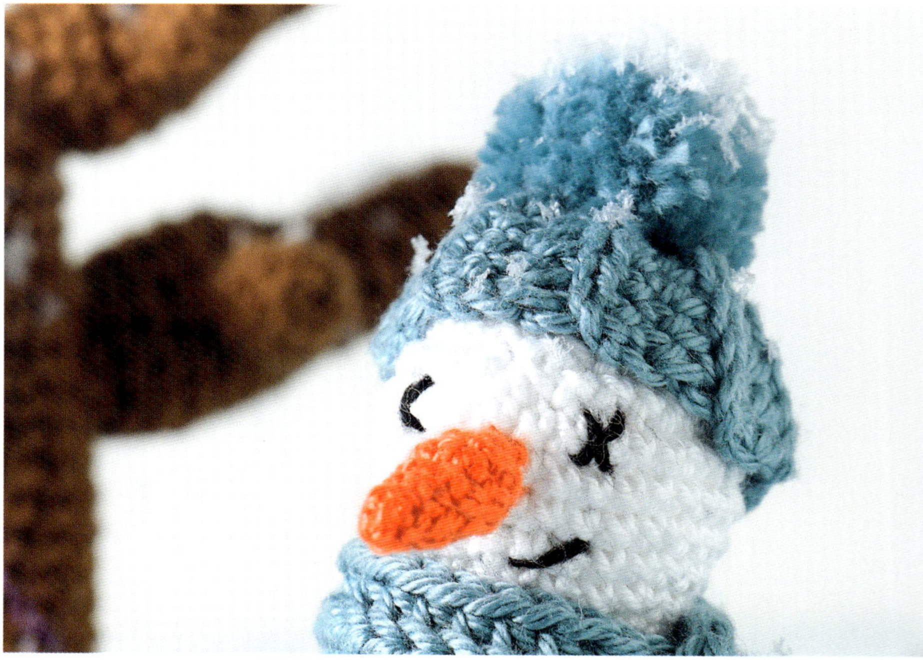

25. Rd: Jede 3. und 4. fM zusammen abmaschen (= 18 M).
Den Körper gleichmäßig mit Füllwatte ausstopfen.
26. Rd: Jede 2. und 3. fM zusammen abmaschen (= 12 M).
27. Rd: Immer 2 fM zusammen abmschen (= 6 M).
Faden lang abschneiden, durchziehen, in eine Nd fädeln und die letzten 6 M damit zusammennähen.
Für die Borte in einem vorderen M-Glied der 5. Rd anschlingen und rundum wie folgt häkeln:
* 5 Stb in 1 M, 1 M überspringen, 1 Km, 1 M überspringen, ab * noch 5x wdh.
Mit 1 Km schließen. Faden abschneiden und durchziehen.

Nase

In Leuchtorange einen Magic-Ring anfertigen.
1. Rd: 6 fM in den Ring häkeln (= 6 M).
Weiter in Spiral-Rd häkeln.
2.+3. Rd: Jeweils 6 fM häkeln.
4. Rd: Immer 2 fM zusammen abmaschen (= 3 M).
5. Rd: 3 fM häkeln.
Faden abschneiden und durchziehen.

Schal

In Hellpetrol 50 Lm anschlagen. Weiter in R häkeln. Am Ende jeder R mit 2 Lm wenden.
1. R: Ab der 3. Lm von der Nd aus 48 hStb häkeln (= 48 M).
2. R: 48 hStb häkeln.
Faden abschneiden und durchziehen.

Mütze

In Hellpetrol 9 Lm anschlagen. Weiter in R häkeln.
1. R: Ab der 2. Lm von der Nd aus 2 Km, 6 hStb häkeln (= 8 M).
2. R: 2 Lm. Ab der 3. Lm von der Nd aus in die hinteren M-Glieder 6 hStb, 2 Km arb.
3. R: 1 Lm. Ab der 2. Lm von der Nd aus in die hinteren M-Glieder 2 Km, 6 hStb arb.
Die 2. und 3. Rd fortlaufend wdh, bis der Kopfumfang des Schneemanns erreicht ist.
Faden abschneiden und durchziehen.

SCHNEEBÄLLE

In Weiß mit dem Mini-Pompon-Maker nach Packungsanleitung beliebig viele Schneebälle anfertigen.

Fertigstellen

Die Nase ins Gesicht nähen. Die 1. und letzte R der Mütze mit Überwendlingsstich zusammennähen und die Seite mit den Km ebenfalls zusammennähen. Die Mütze auf den Kopf kleben. Mit einem Mini-Pompon-Maker einen Bommel in Hellpetrol anfertigen und an die Mütze nähen. Augen, Mund und Knöpfe in Schwarz aufsticken. Den Schal am Schneemann fixieren. Alle Fäden vernähen.

Wichtelwald

Tannenbaum

Wichtel schmücken ihre Tannenbäume mit Äpfeln statt mit bunten Weihnachtskugeln. Nach Weihnachten gibt es dann ein großes Treffen mit selbstgebackenem Apfelkuchen.

SCHWIERIGKEITSGRAD 1

GRÖSSE

6,5 cm x 8,5 cm

MATERIAL

- Lana Grossa Cotone (LL 125 m/50 g) in Blaugrün (Fb 79) und Lindgrün (Fb 73), je 50 g
- Häkelnadel 2,5 mm
- Wollnadel ohne Spitze
- feste Pappe
- Bastelkleber
- Füllwatte

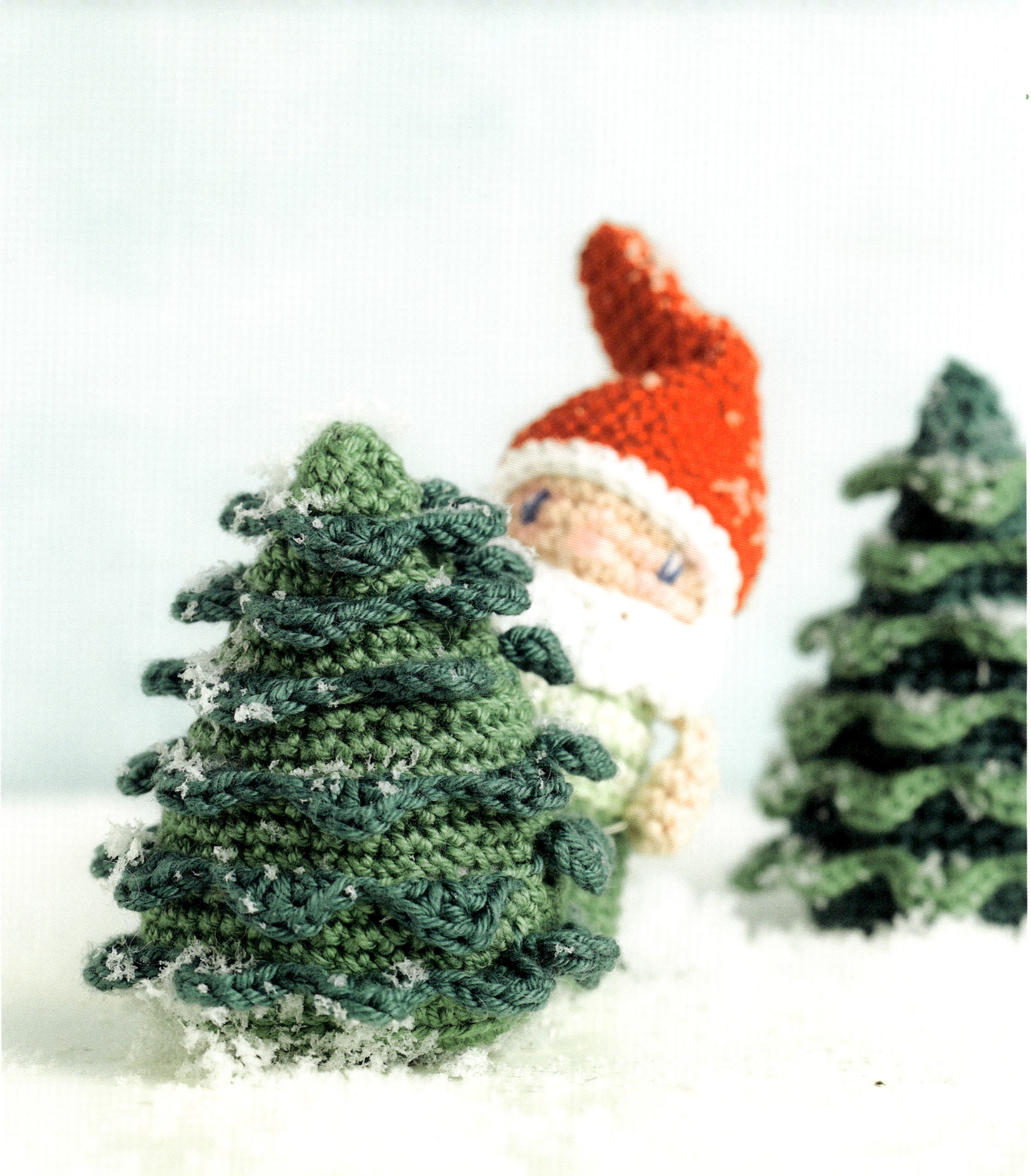

Anleitung

Der Tannenbaum kann in 2 Varianten angefertigt werden. Der Stamm wird in Spiral-Rd gehäkelt. Dafür den Beginn jeder Rd mit einem M-Markierer oder Kontrastgarn kennzeichnen. Die Zweige werden in vordere M-Glieder des Stamms gehäkelt.

Baum

In Blaugrün oder Lindgrün einen Magic-Ring anfertigen.

1. Rd: 6 fM in den Ring häkeln (= 6 M).

Weiter in Spiral-Rd häkeln.

2. Rd: Jede fM verdoppeln (= 12 M).
3. Rd: Jede 2. fM verdoppeln (= 18 M).
4. Rd: Jede 3. fM verdoppeln (= 24 M).
5. Rd: Jede 4. fM verdoppeln (= 30 M).
6. Rd: Jede 5. fM verdoppeln (= 36 M).
7. Rd: Jede 6. fM verdoppeln (= 42 M).
8. Rd: 42 fM in die hinteren M-Glieder häkeln.
9. Rd: 42 fM häkeln.
10. Rd: 42 fM in die hinteren M-Glieder häkeln.
11. Rd: 42 fM häkeln.

Für einen guten Stand aus Pappe einen Kreis im Durchmesser des Bodens zuschneiden und auf die Innenseite des Bodens kleben.

12. Rd: Jede 6. und 7. fM zusammen abmaschen (= 36 M).
13. Rd: 36 fM in die hinteren M-Glieder häkeln.
14. Rd: 36 fM häkeln.
15. Rd: Jede 5. und 6. fM zusammen abmaschen (= 30 M).
16. Rd: 30 fM in die hinteren M-Glieder häkeln.
17. Rd: 30 fM häkeln.
18. Rd: Jede 4. und 5. fM zusammen abmaschen (= 24 M).
19. Rd: 24 fM in die hinteren M-Glieder häkeln.
20. Rd: 24 fM häkeln.
21. Rd: Jede 3. und 4. fM zusammen abmaschen (= 18 M).
22. Rd: 18 fM in die hinteren M-Glieder häkeln.

Den Baum gleichmäßig mit Füllwatte ausstopfen.

23. Rd: 18 fM häkeln.
24. Rd: Jede 2. und 3. fM zusammen abmaschen (= 12 M).
25. Rd: 12 fM in die hinteren M-Glieder häkeln.
26. Rd: 12 fM häkeln.

Den Baum weiter ausstopfen.

27. Rd: Immer 2 fM zusammen abmaschen (= 6 M).
28. Rd: 6 fM häkeln.

Faden lang abschneiden, durchziehen, in eine Nd fädeln und die letzten 6 M damit zusammennähen.

Tannenzweige

Den Baum so drehen, dass der Boden zum Häkelnden zeigt. In einem vorderen M-Glied der 7. Rd in Lindgrün oder Blaugrün anschlingen und rundum wie folgt häkeln:
* [1 fM, 1 hStb, 1 Lm, 1 Stb, 1 Lm, 1 hStb, 1 fM] in 1 M häkeln, 1 M überspringen, 1 Km, 1 M überspringen, ab * fortlaufend wdh bis Rd-Ende. Mit 1 Km schließen.
Faden abschneiden und durchziehen.

Weitere Zweige ebenso in die vorderen M-Glieder der 9., 12., 15., 18., 21. und 24. Rd häkeln.

Fertigstellen

Alle Fäden vernähen.

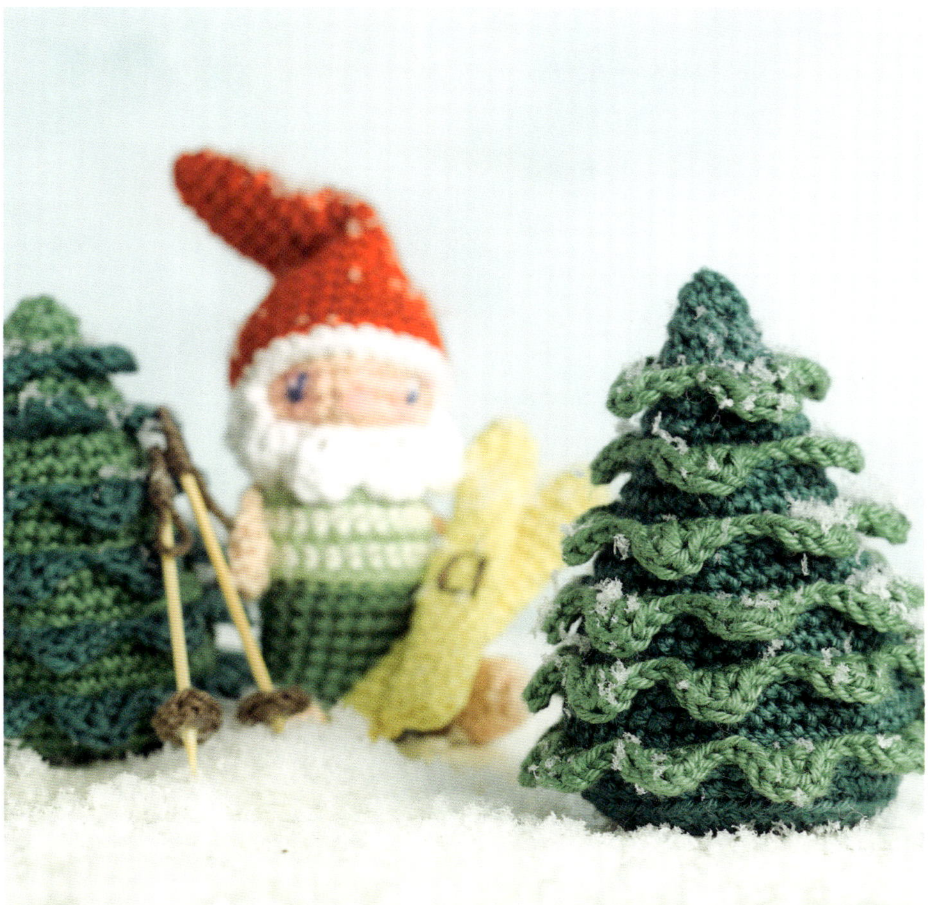

Liebe zur Natur

Baum mit Vogelhaus

Wichtel klettern nicht gern auf hohe Bäume, denn sie haben Höhenangst. Um das Futter in dem Vogelhäuschen aufzufüllen oder eine Katze vom Baum zu retten, würden sie es dennoch tun.

SCHWIERIGKEITSGRAD 2

GRÖSSE

Baum: 8 cm x 12 cm x10 cm
Vogelhaus: 3,5 cm

MATERIAL

- Lana Grossa Cotone (LL 125 m/50 g) in Braun (Fb 37), 50 g, in Sandgelb (Fb 116), Azalee (Fb 82) und Graubraun (Fb 30), Reste
- Häkelnadel 2,5 mm
- Wollnadel ohne Spitze
- feste Pappe
- Bastelkleber
- Füllwatte
- Zahnstocher

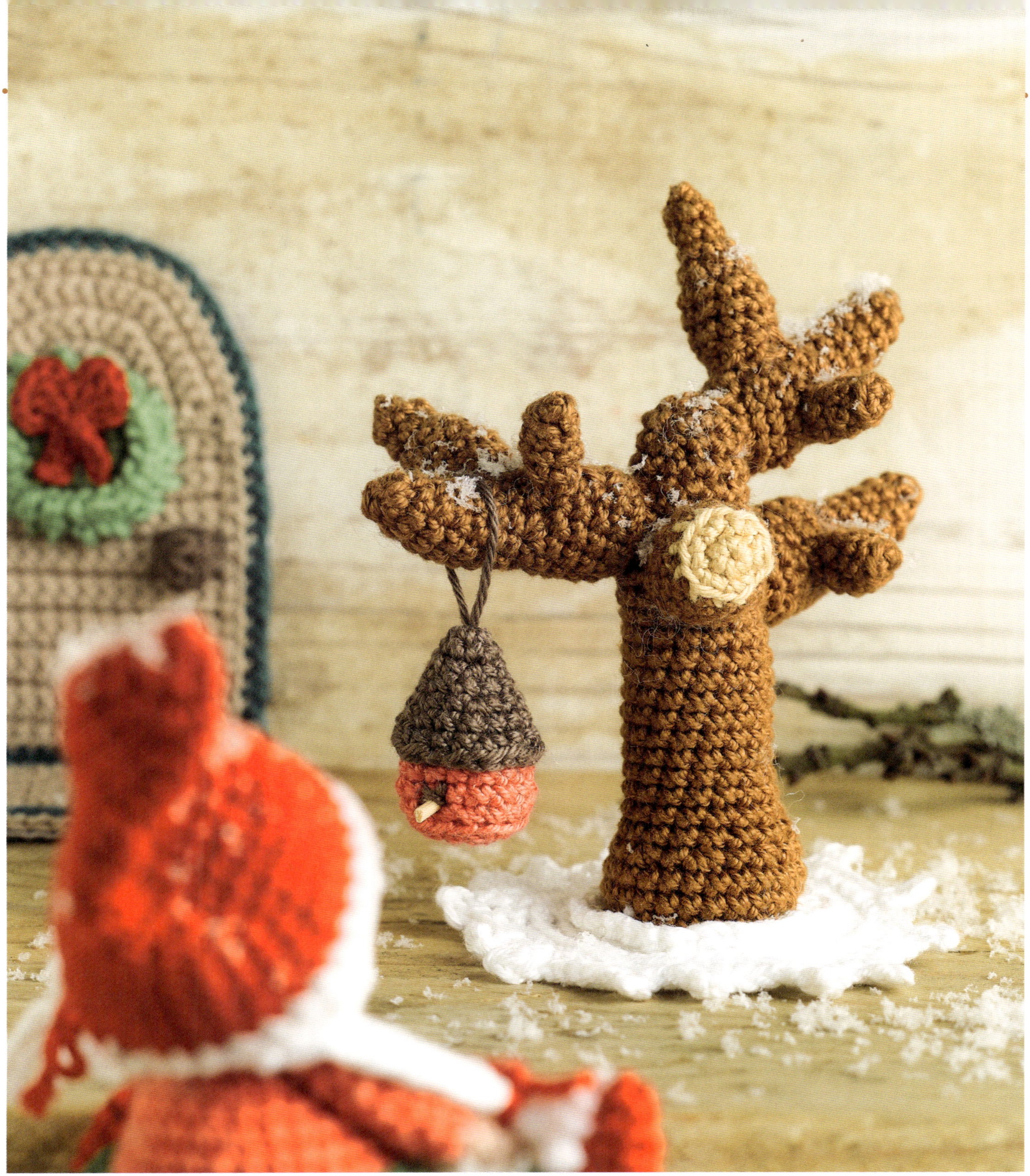

Anleitung

Alle Teile werden in Spiral-Rd gehäkelt. Dafür den Beginn jeder Rd mit einem M-Markierer oder Kontrastgarn kennzeichnen.

BAUM

Baumstamm

In Braun einen Magic-Ring anfertigen.

1. Rd: 6 fM in den Ring häkeln (= 6 M). Weiter in Spiral-Rd häkeln.

2. Rd: Jede fM verdoppeln (= 12 M).

3. Rd: Jede 2. fM verdoppeln (= 18 M).

4. Rd: Jede 3. fM verdoppeln (= 24 M).

5. Rd: 24 fM in die hinteren M-Glieder häkeln.

6.+7. Rd: Jeweils 24 fM häkeln.

Für einen guten Stand aus Pappe einen Kreis im Durchmesser des Bodens zuschneiden und auf die Innenseite des Bodens kleben.

8. Rd: Jede 2. und 3. fM zusammen abmaschen (= 16 M).

9.–21. Rd: Jeweils 16 fM häkeln.

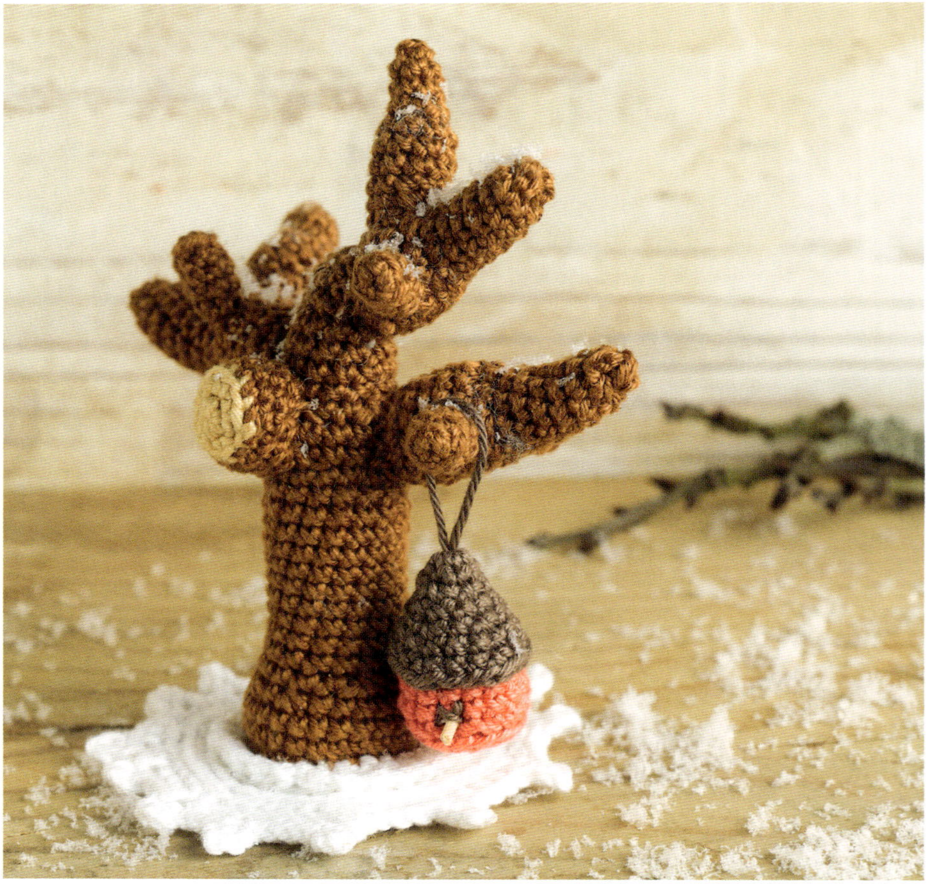

22. Rd: Jede 3. und 4. fM zusammen abmaschen (= 12 M).
23.–27. Rd: Jeweils 12 fM häkeln.
Den Baum gleichmäßig mit Füllwatte ausstopfen.
28. Rd: Jede 2. und 3. fM zusammen abmaschen (= 8 M).
29. Rd: 8 fM häkeln.
Weiter mit Füllwatte nachstopfen.
30. Rd: * 1 fM, 2 fM zusammen abmaschen, 1 fM, ab * noch 1x wdh (= 6 M).
Faden lang abschneiden, durchziehen, in eine Nd fädeln und die letzten 6 M damit zusammennähen.

Großer Ast (3x)

In Braun einen Magic-Ring anfertigen.
1. Rd: 6 fM in den Ring häkeln (= 6 M).
Weiter in Spiral-Rd häkeln.
2. Rd: Jede fM verdoppeln (= 12 M).
3. Rd: 12 fM in die hinteren M-Glieder häkeln (= 12 M).
2.–4. Rd: Jeweils 12 fM häkeln (= 12 M).
Den Ast mit Füllwatte ausstopfen.
5. Rd: Jede 2. und 3. fM zusammen abmaschen (= 8 M).
6.–11. Rd: Jeweils 8 fM häkeln.
Weiter mit Füllwatte nachstopfen.
12. Rd: *1 fM, 2 fM zusammen abmaschen, 1 fM, ab * noch 1x wdh (= 6 M).
Faden lang abschneiden, durchziehen, in eine Nd fädeln und die letzten 6 M damit zusammennähen.
Noch 2 weitere große Äste ebenso häkeln.

Mittelgrosser Ast (3x)

In Braun einen Magic-Ring anfertigen.
1. Rd: 6 fM in den Ring häkeln (= 6 M).
Weiter in Spiral-Rd häkeln.
2. R: Jede 2. fM verdoppeln (= 9 M).
3. Rd: 9 fM in die hinteren M-Glieder häkeln.
4.+5. Rd: Jeweils 9 fM häkeln.
Den Ast mit Füllwatte ausstopfen.
6. Rd: Jede 2. und 3. fM zusammen abmaschen (= 6 M).
7.+8. Rd: Jeweils 6 fM häkeln.
Weiter mit Füllwatte ausstopfen. Faden lang abschneiden, durchziehen, in eine Nd fädeln und die letzten 6 M damit zusammennähen.
Noch 2 weitere mittelgroße Äste ebenso häkeln.

Kleiner Ast (3x)

In Braun einen Magic-Ring anfertigen.
1. Rd: 6 fM in den Ring häkeln (= 6 M).
Weiter in Spiral-Rd häkeln.
2. Rd: 6 fM in die hinteren M-Glieder häkeln.
3.+4. Rd: Jeweils 6 fM häkeln.
Den Ast gleichmäßig mit Füllwatte ausstopfen. Faden lang abschneiden, durchziehen, in eine Nd fädeln und die letzten 6 M damit zusammennähen.
Noch 2 weitere kleine Äste ebenso häkeln.

Abgesägter Ast

In Sandgelb einen Magic-Ring anfertigen.
1. Rd: 6 fM in den Ring häkeln (= 6 M).
Weiter in Spiral-Rd häkeln.

2. Rd: Jede fM verdoppeln (= 12 M).
3. Rd (Braun): 12 fM in die hinteren M-Glieder häkeln.
4.–6. Rd: Jeweils12 fM häkeln.
Den Ast mit Füllwatte ausstopfen.
Faden abschneiden und durchziehen.

Schneefläche

Die Baumkrone zeigt zum Häkelnden. In Weiß in einem vorderen M-Glied der 4. Rd des Baumstamms anschlingen.
1. Rd: In die vorderen M-Glieder der 4. Rd des Baumstamms fM häkeln, dabei jede 4. fM verdoppeln (= 30 M).
2. Rd: In die hinteren M-Glieder häkeln: Jede 5. fM verdoppeln (= 36 M).
3. Rd: In die hinteren M-Glieder häkeln: Jede 6. fM verdoppeln (= 42 M).
4. Rd: In die hinteren M-Glieder häkeln: Jede 7. fM verdoppeln (= 48 M).
5. Rd: In die hinteren M-Glieder häkeln: Jede 8. fM verdoppeln (= 54 M).
6. Rd: * 3 Lm, ab der 2. Lm von der Nd aus 2 fM, 5 fM in die M der Vor-Rd, 4 Lm, ab der 2. Lm von der Nd aus 3 fM, 4 fM in die M der Vor-Rd, ab * fortlaufend wdh. Mit 1 Km schließen.
Faden abschneiden und durchziehen.
Die Baumkrone zeigt zum Häkelnden. In Weiß in einem vorderen M-Glied der 1. Rd der Schneefläche anschlingen und wie folgt eine Ziernaht arb: * 1 fM, 1 Lm, ab * fortlaufend wdh. Mit 1 Km schließen.
Faden abschneiden und durchziehen.

Fertigstellen

Die kleinen (mit den vorderen M-Gliedern der 1. Rd) und mittelgroßen Äste (mit den vorderen M-Gliedern der 2. Rd) mit Überwendlingsstich an die großen Äste nähen. Darauf achten, dass jeweils 1 großer, 1 mittelgroßer und 1 kleiner Ast miteinander kombiniert werden.
Jetzt die drei Astkombinationen (mit den vorderen M-Gliedern der 2. Rd des großen Astes) mit Überwendlingsstich an den Baumstamm nähen. Dann den abgesägten Ast mit der offenen Seite mit Überwendlingsstich an den Baumstamm nähen. Alle Fäden vernähen.

VOGELHAUS

Haus

In Azalee einen Magic-Ring anfertigen.
1. Rd: 5 fM in den Ring häkeln (= 5 M).
Weiter in Spiral-Rd häkeln.
2. Rd: Jede fM verdoppeln (= 10 M).
3. Rd: Jede 2. fM verdoppeln (= 15 M).
4. Rd: 15 fM in die hinteren M-Glieder häkeln.
5.+6. Rd: Jeweils 15 fM häkeln.
7. Rd: Jede 2. und 3. fM zusammen abmaschen (= 10 M).
Das Haus mit Füllwatte ausstopfen.
8. Rd: 10 fM häkeln.
9. Rd: Immer 2 fM zusammen abmaschen (= 5 M).
Faden lang abschneiden, durchziehen, in eine Nd fädeln und die letzten 5 M damit zusammennähen.

Dach

In Graubraun einen Magic-Ring anfertigen.
1. Rd: 5 fM in den Ring häkeln (= 5 M).
Weiter in Spiral-Rd häkeln.
2. Rd: 5 fM häkeln.
3. Rd: Jede fM verdoppeln (= 10 M).
4. Rd: 10 fM häkeln.
5. Rd: Jede 2. fM verdoppeln (= 15 M).
6. Rd: 15 fM häkeln.
7. Rd: Jede 3. fM verdoppeln. Mit 1 Km schließen (= 20 M).
Faden abschneiden und durchziehen.

Fertigstellen

In Graubraun eine Schlaufe am Dach anbringen und den Eingang zum Haus mit Kreuzstich aufsticken. Das Dach auf das Haus kleben. Den Zahnstocher auf ca. 0,8 cm Länge kürzen und unter dem Eingang so fixieren, dass der Zahnstocher 0,4 cm aus dem Vogelhaus herausschaut. Alle Fäden vernähen.

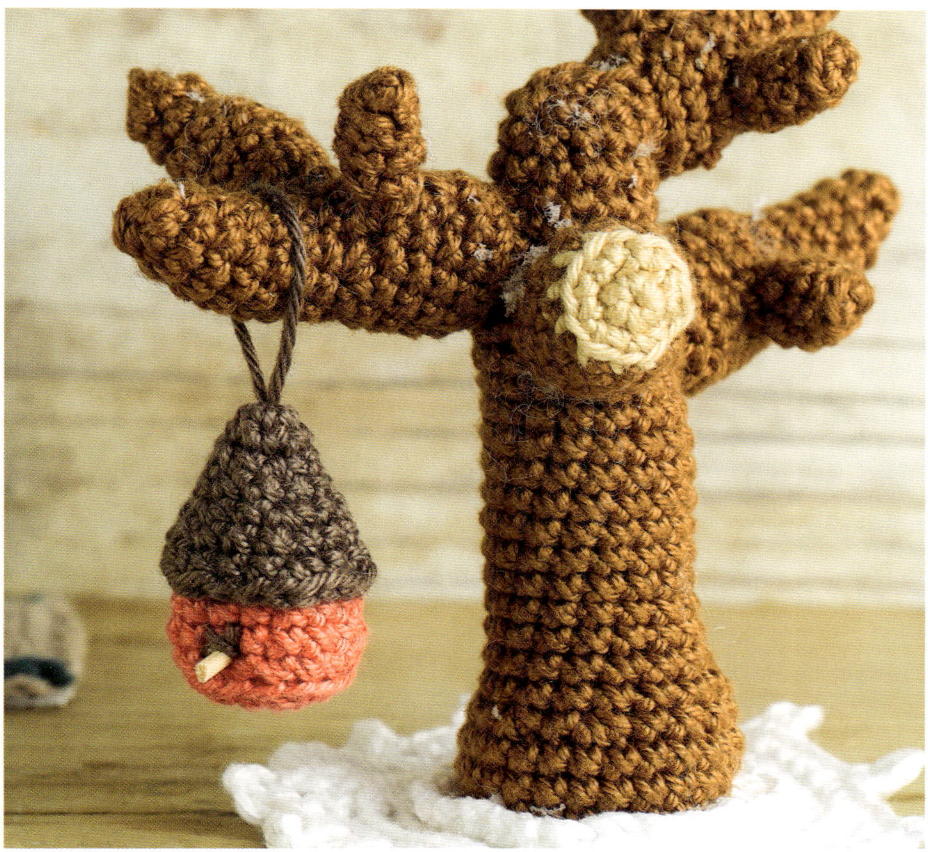

Wintersport

Skier mit Stöcken

Wo Schnee ist, ist auch ein Ski fahrender Wichtel. Ski fahren ist eines der liebsten Hobbys der kleinen Wesen. Nicht gerade langsam fahren sie die kleinen und großen schneebedeckten Berge runter.

SCHWIERIGKEITSGRAD 1

GRÖSSE

7 cm x 1,3 cm

MATERIAL

- Lana Grossa Cotone (LL 125 m/ 50 g) in Narzissengelb (Fb 94), 50 g, in Graubraun (Fb 30), Rest
- Häkelnadel 2,5 mm
- Wollnadel ohne Spitze
- 2 Zahnstocher
- Bastelkleber

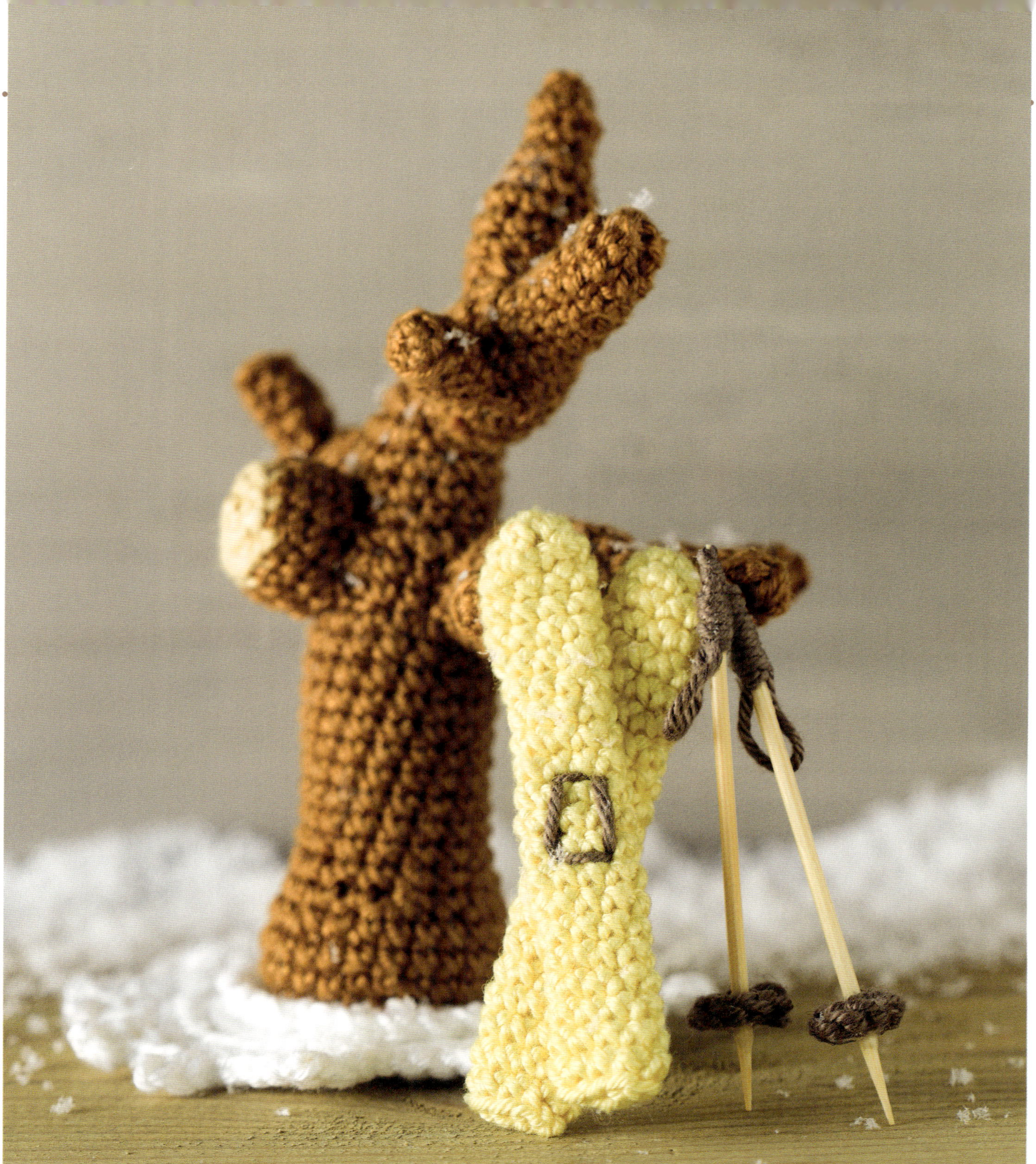

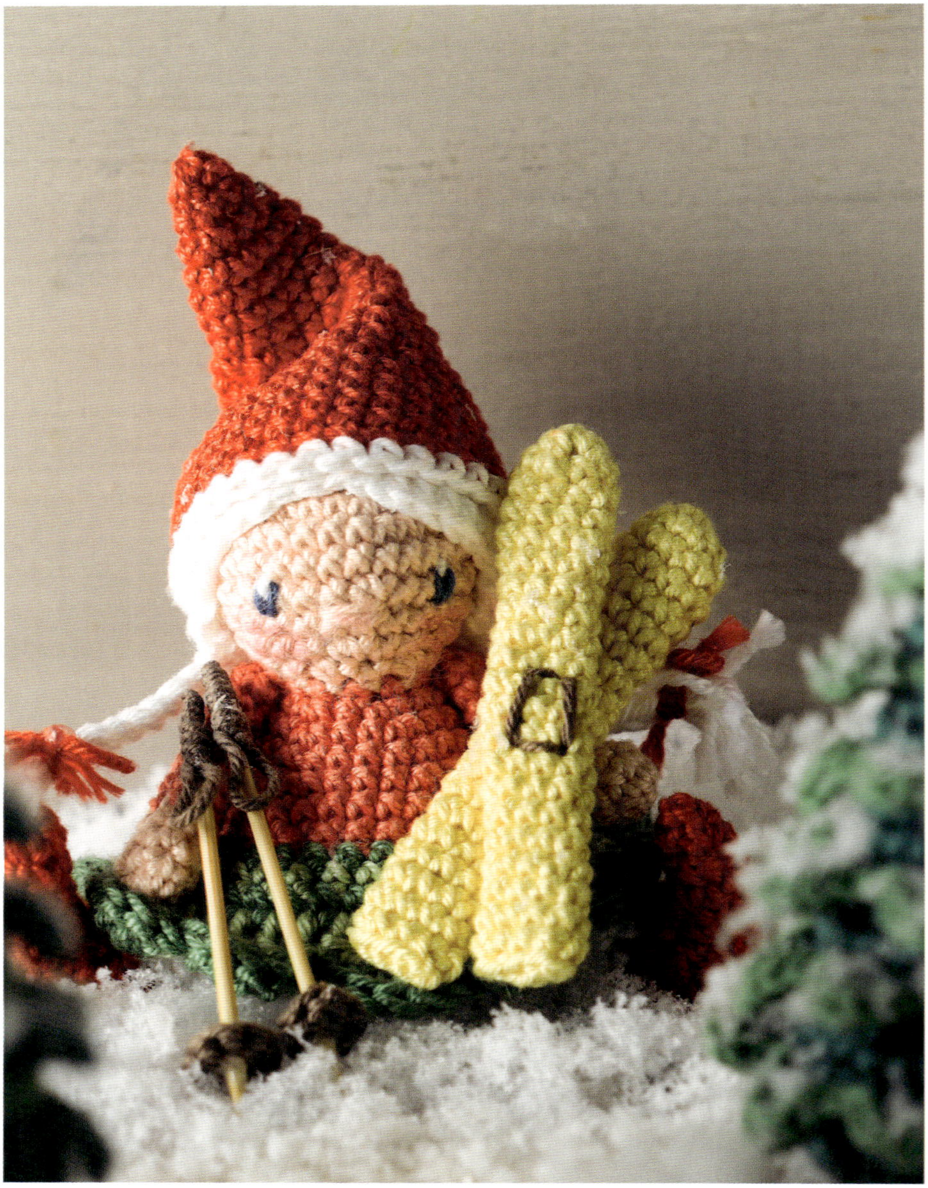

Anleitung

Alle Teile werden in Spiral-Rd gehäkelt. Dafür den Beginn jeder Rd mit einem M-Markierer oder Kontrastgarn kennzeichnen.

Ski (2x)

In Narzissengelb einen Magic-Ring anfertigen.
1. Rd: 4 fM in den Ring häkeln (= 4 M).
Weiter in Spiral-Rd häkeln.
2. Rd: Jede fM verdoppeln (= 8 M).
3.–22. Rd: Jeweils 8 fM häkeln.
Faden abschneiden und durchziehen.
Den 2. Ski ebenso häkeln.

Skistockteller (2x)

In Graubraun einen Magic-Ring anfertigen.
1. Rd: 8 fM in den Ring häkeln. Mit 1 Km schließen (= 8 M).
Faden abschneiden und durchziehen.
Den 2. Skistockteller ebenso häkeln.

Fertigstellen

Die 22. Rd der Skier mit Überwendlingsstichen zusammennähen. In Graubraun die Bindungen auf die Oberseiten sticken (nicht bis zur Unterseite durchstechen!). Wer will, kann die Skier gekreuzt übereinander legen und mit Kleber oder Garn fixieren.
Die Skistöcke aus Zahnstochern anfertigen. Für den Griff Garn in Graubraun um je ein Ende der Zahnstocher über 1 cm Höhe fest umwickeln und eine kleine Halteschlaufe herstellen. Alles mit Bastelkleber fixieren. Dann die Skistockteller an den anderen Enden auf die Zahnstocher spießen und in ca. 1 cm Höhe mit Bastelkleber fixieren.

IN DER GUTEN STUBE

Wenn es kalt wird, draußen stürmt und schneit, macht es sich der Wichtel zu Hause auf dem Sofa gemütlich. Mit Kissen und in eine Decke eingehüllt erholt er sich von den Strapazen des Tages und schmiedet Pläne für den nächsten Tag. Da es schon früh dunkel wird und die Wichtel sich in ihr Haus zurückziehen müssen, greift die Wichtelfrau auch gerne zu ihrem Strickzeug und strickt sich einen neuen Pullover und Handscchuhe.

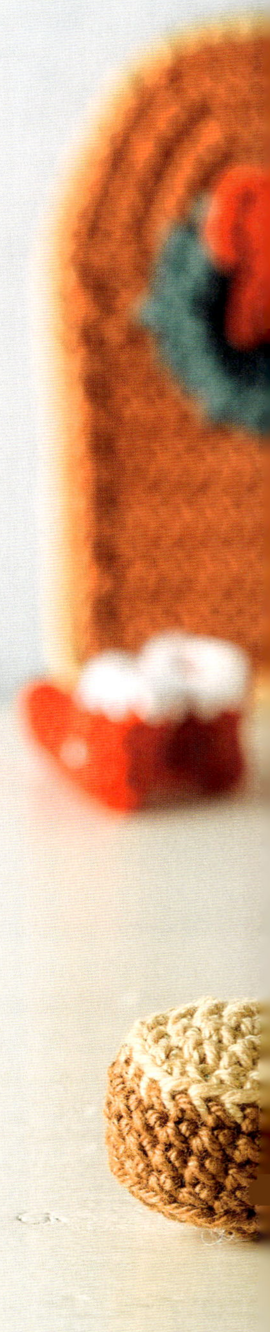

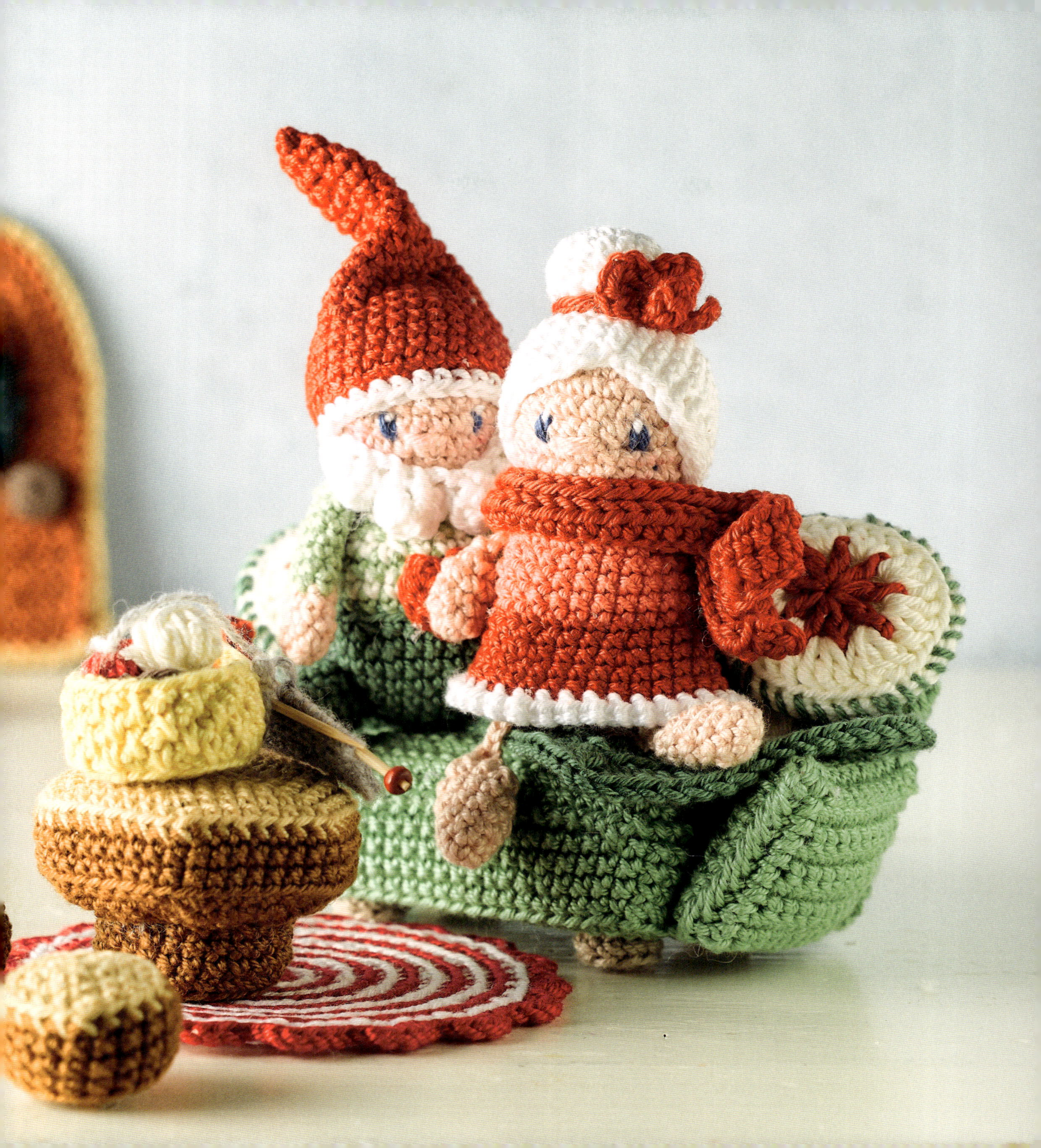

Lieblingsplatz

Sofa

Auf dem Sofa wird nicht nur entspannt. Wichtel nutzen es gerne, um darauf herumzuspringen und herumzutollen, eine Kissenschlacht zu veranstalten oder mit Tieren zu kuscheln.

SCHWIERIGKEITSGRAD 2

GRÖSSE

12 cm x 7 cm x 5,5 cm

MATERIAL

- Lana Grossa Cotone (LL 125 m/50 g) in Maigrün (Fb 118), 50 g, in Beige (Fb 26), Rest
- Häkelnadel 2,5 mm
- Wollnadel ohne Spitze
- feste Pappe
- Bastelkleber
- Füllwatte

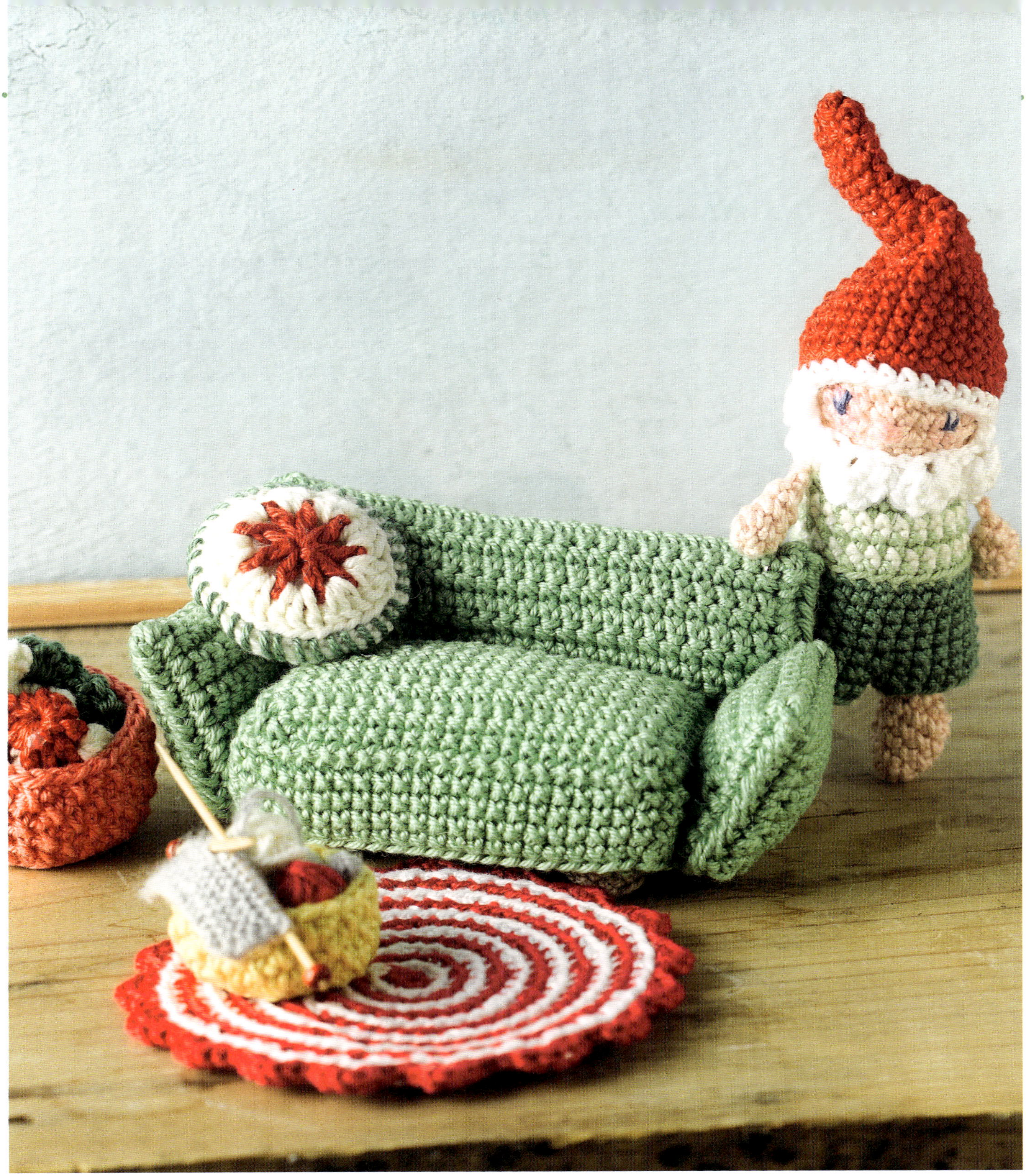

Anleitung

Die Füße werden in Spiral-Rd gehäkelt. Dafür den Beginn jeder Rd mit einem M-Markierer oder Kontrastgarn kennzeichnen. Alle anderen Teile werden in R gehäkelt.

Fuß (4x)

In Beige einen Magic-Ring anfertigen.
1. Rd: 5 fM in den Ring häkeln (= 5 M).
Weiter in Spiral-Rd häkeln.
2. Rd: Jede fM verdoppeln (= 10 M).
3. Rd: 10 fM in die hinteren M-Glieder häkeln.
Mit 1 Km schließen. Faden abschneiden und durchziehen.
Noch 3 weitere Füße ebenso häkeln.

Sitzfläche Unterseite

In Maigrün 21 Lm anschlagen.
1. R: Ab der 2. Lm von der Nd aus 20 fM häkeln (= 20 M).
Weiter in R häkeln. Am Ende jeder R mit 1 Lm wenden.
2.–12. R: Jeweils 20 fM häkeln.
Weiter die Sitzfläche wie folgt umhäkeln:
1. Rd: 1 Lm, 1 fM (= 1. Ecke), 10 fM (= kurze Seite), [1 fM, 1 Lm, 1 fM] in 1 M (= 2. Ecke), 18 fM (= lange Seite), [1 fM, 1 Lm, 1 fM] in 1 M (= 3. Ecke), 10 fM (= kurze Seite), [1 fM, 1 Lm, 1 fM] in 1 M (= 4. Ecke), 18 fM (= lange Seite). 1 Km in die 1. Lm (= 68 M).
Weiter in Spiral-Rd häkeln.
2. Rd: 68 fM in die hinteren M-Glieder häkeln.
3.–5. Rd: Jeweils 68 fM häkeln. Mit 1 Km schließen.
Faden abschneiden und durchziehen.
Ein Stück Pappe in der Größe der Unterseite zuschneiden und von innen an die Unterseite kleben.

Sitzfläche Oberseite

Die Oberseite in Maigrün wie die 1.–12. R samt 1. Rd der Unterseite häkeln.

Rückenlehne

In Maigrün 26 Lm anschlagen.
1. R: Ab der 2. Lm von der Nd aus 25 fM häkeln (= 25 M).
2.–26. R: Jeweils 25 fM häkeln.
Weiter die Rückenlehne wie folgt umhäkeln:
1. Rd: 1 Lm, 1 fM (= 1. Ecke), 23 fM (= kurze Seite), [1 fM, 1 Lm, 1 fM] in 1 M (= 2. Ecke), 25 fM (= lange Seite), [1 fM, 1 Lm, 1 fM] in 1 M (= 3. Ecke), 23 fM (= kurze Seite), [1 fM, 1 Lm, 1 fM] in 1 M (= 4. Ecke), 25 fM (= lange Seite). 1 Km in die 1. Lm (= 108 M).
Faden abschneiden und durchziehen.

Armlehne (2x)

In Maigrün 11 Lm anschlagen.
1. R: Ab der 2. Lm von der Nd aus 10 fM häkeln (= 10 M).
Weiter in R häkeln. Am Ende jeder R mit 1 Lm wenden.
2.–20. R: Jeweils 10 fM häkeln.
Arbeit nicht wenden, ab hier die Armlehne wie folgt umhäkeln:

1. Rd: 1 Lm, 1 fM (= 1. Ecke), 18 fM (= lange Seite), [1 fM, 1 Lm, 1 fM] in 1 M (= 2. Ecke), 8 fM (= kurze Seite), [1 fM, 1 Lm, 1 fM] in 1 M (= 3. Ecke), 18 fM (= lange Seite), [1 fM, 1 Lm, 1 fM] in 1 M (= 4. Ecke), 8 fM (= kurze Seite), 1 Km in die 1. Lm (= 64 M).
Faden abschneiden und durchziehen.
Die 2. Armlehne ebenso häkeln.

Fertigstellen

Die Unterseite und Oberseite der Sitzfläche übereinander legen und die vorderen M-Glieder beider Teile mit Überwendlingsstich zusammennähen. Sobald 3 Seiten geschlossen sind, die Sitzfläche gleichmäßig mit Füllwatte ausstopfen und die 4. Seite schließen. Das gehäkelte Quadrat der Rückenlehne in der Mitte so falten, dass ein Rechteck entsteht. Die drei offenen Seiten mit Überwendlingsstich zusammennähen und mit Füllwatte ausstopfen. Das entstandene Rechteck für die Armlehne in der Mitte falten, so dass ein Quadrat entsteht. Die drei offenen Seiten mit Überwendlingsstich zusammennähen und mit Füllwatte ausstopfen. Die 2. Armlehne ebenso fertigstellen. Die Rückenlehne an die lange Seite der Sitzfläche nähen. Die beiden Armlehnen an die kurzen Seiten der Sitzfläche nähen und an der Rückenlehne fixieren. Die Füße leicht mit Füllwatte ausstopfen und mit Bastelkleber in alle vier Ecken an die Unterseite des Sofas kleben.

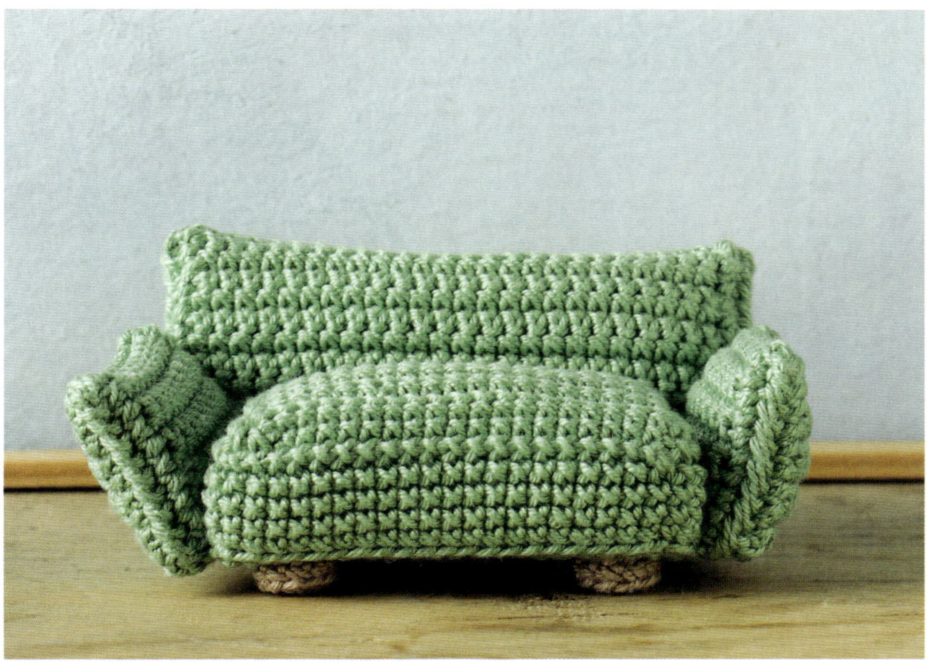

Gemütlich eingemummelt

Decke und Kissen

Auch ein Wichtel braucht ausreichend Schlaf. Wichtel schlafen meist den ganzen Tag, um in der Nacht wichtige Aufgaben zu erledigen, sich mit Freunden zu treffen und neue Abenteuer zu erleben.

SCHWIERIGKEITSGRAD 3

GRÖSSE

Decke: 6 cm x 6 cm
Kissen: ø 4 cm

MATERIAL

- Lana Grossa Cotone (LL 125 m/50 g) in Natur (Fb 28), Rot (Fb18) und Farngrün (Fb 54), je 50 g
- Häkelnadel 2,5 mm
- Wollnadel ohne Spitze
- Füllwatte

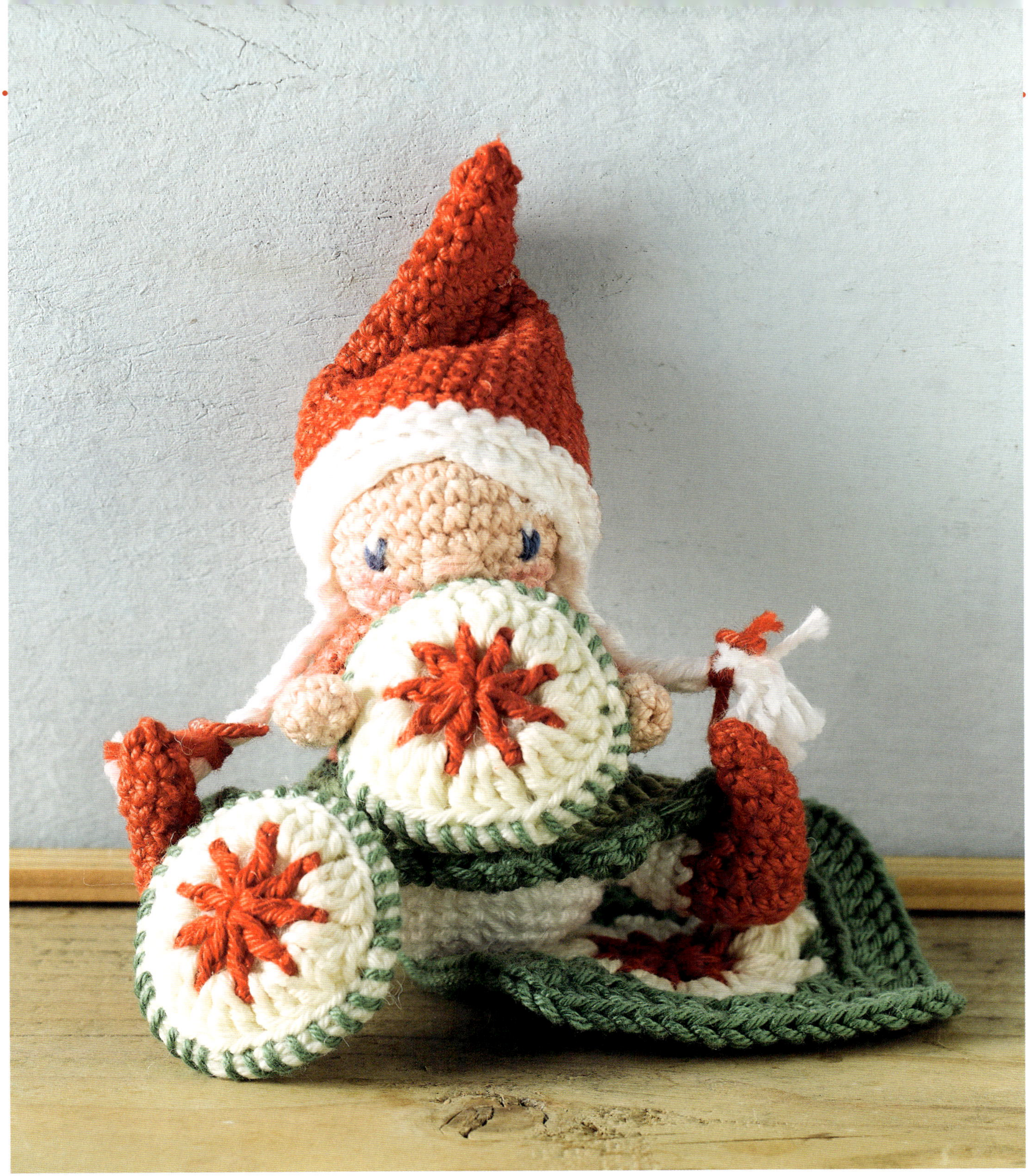

Anleitung

Alle Teile werden in geschlossenen Rd gehäkelt. Dafür den Beginn jeder Rd mit einem M-Markierer oder Kontrastgarn kennzeichnen.

DECKE

In Rot einen Magic-Ring anfertigen.

1. Rd: In den Ring häkeln: 4 Lm (= 1 Stb, 1 Lm), * 1 Stb, 1 Lm, ab * noch 10x wdh. Mit 1 Km schließen (= 24 M).

2. Rd (Natur): * 3 Stb um die nächste Lm, 1 Lm, ab * noch 11x wdh. Mit 1 Km schließen (= 48 M).

3. Rd (Farngrün): * 3 hStb um die nächste Lm, 1 Lm, 3 hStb um die nächste Lm, 1 Lm, [1 hStb, 1 Stb, 1 DStb, 1 Lm, 1 DStb, 1 Stb, 1 hStb] in 1 M (= Ecke) ab * noch 3x wdh (= 60 M). Mit 1 Km schließen.

4. Rd: 3 Lm (= 1 Stb), 11 Stb, 1 Lm (= 1. Ecke), 15 Stb, 1 Lm (= 2. Ecke), 15 Stb, 1 Lm (= 3. Ecke), 15 Stb, 1 Lm (= 4. Ecke), 4 Stb (= 64 M).

Mit 1 Km schließen. Faden abschneiden und durchziehen. Alle Fäden vernähen.

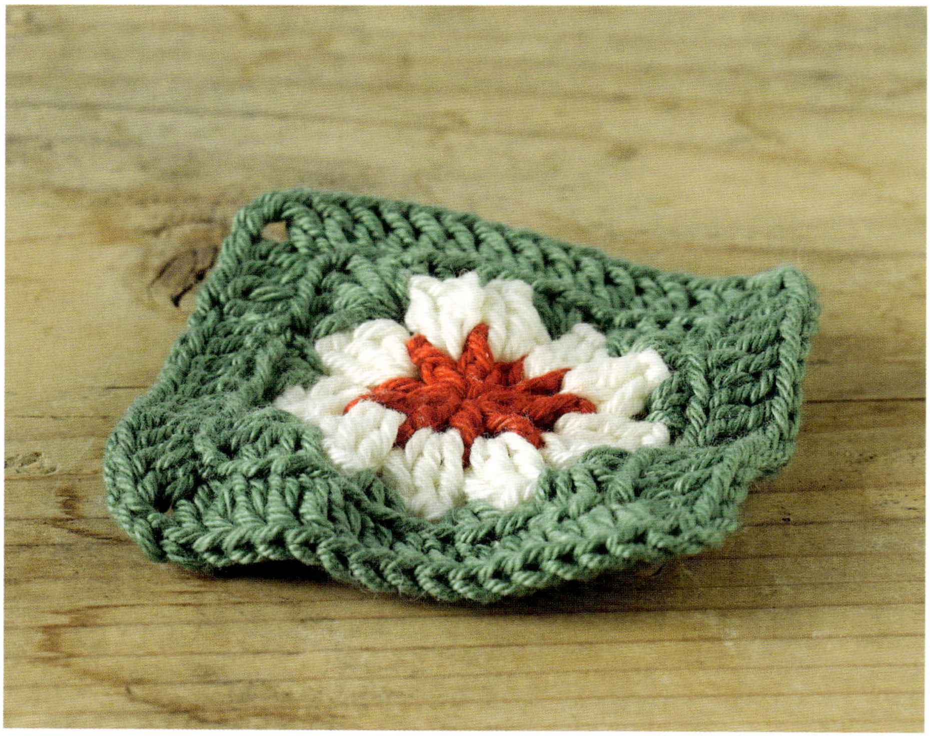

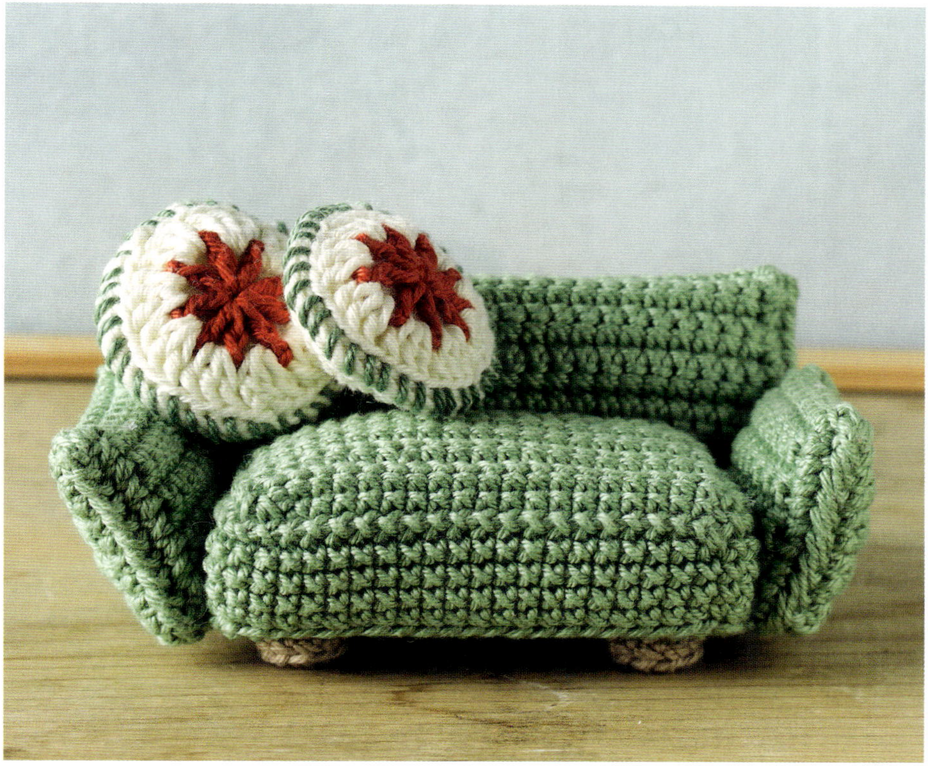

ZWEI KISSEN

Kreis (4x)

In Rot einen Magic-Ring anfertigen.

1. Rd: In den Ring häkeln: 4 Lm (= 1 Stb, 1 Lm), * 1 Stb, 1 Lm, ab * noch 7x wdh. Mit 1 Km schließen (= 18 M).

2. Rd (Natur): * 3 Stb um die nächste Lm, 1 Lm, ab * noch 8x wdh. Mit 1 Km schließen (= 36 M). Faden abschneiden und durchziehen. Noch 3.weitere Kreise ebenso häkeln.

Fertigstellen

Pro Kissen 2 Kissenteile mit der linken Seite nach innen übereinander legen. In Farngrün mit Überwendlingsstichen die beiden Kissenteile zusammennähen. Dabei jeweils nur durch die hinteren M-Glieder nähen. Sobald 3/4 des Kissens zusammengenäht sind, das Kissen gleichmäßig mit Füllwatte ausstopfen und bis zum Ende zusammennähen. Alle Fäden vernähen.

Unter den Füßen

Teppich und Wollkorb

Um es im Wichtelhaus gemütlich zu haben, liegen ganz viele Teppiche herum. Ob rund oder eckig, einfarbig oder gemustert, bei ihnen ist alles zu finden. Am liebsten mögen sie flauschige Teppiche, in denen sie ihre Füße vergraben können.

SCHWIERIGKEITSGRAD 1

GRÖSSE

Teppich: ø 9 cm
Wollkorb: ø 3 cm x 2,5 cm

MATERIAL

- Lana Grossa Cotone (LL 125 m/50 g) in Feuerrot (Fb 120) und Weiß (Fb 22), je 50 g, in Narzissengelb (Fb 94), Rest
- 5–6 verschiedene Garnreste
- Häkelnadel 2,5 mm
- Wollnadel ohne Spitze
- Bastelkleber
- 2 Zahnstocher und passende Holzperlen (nach Wunsch)

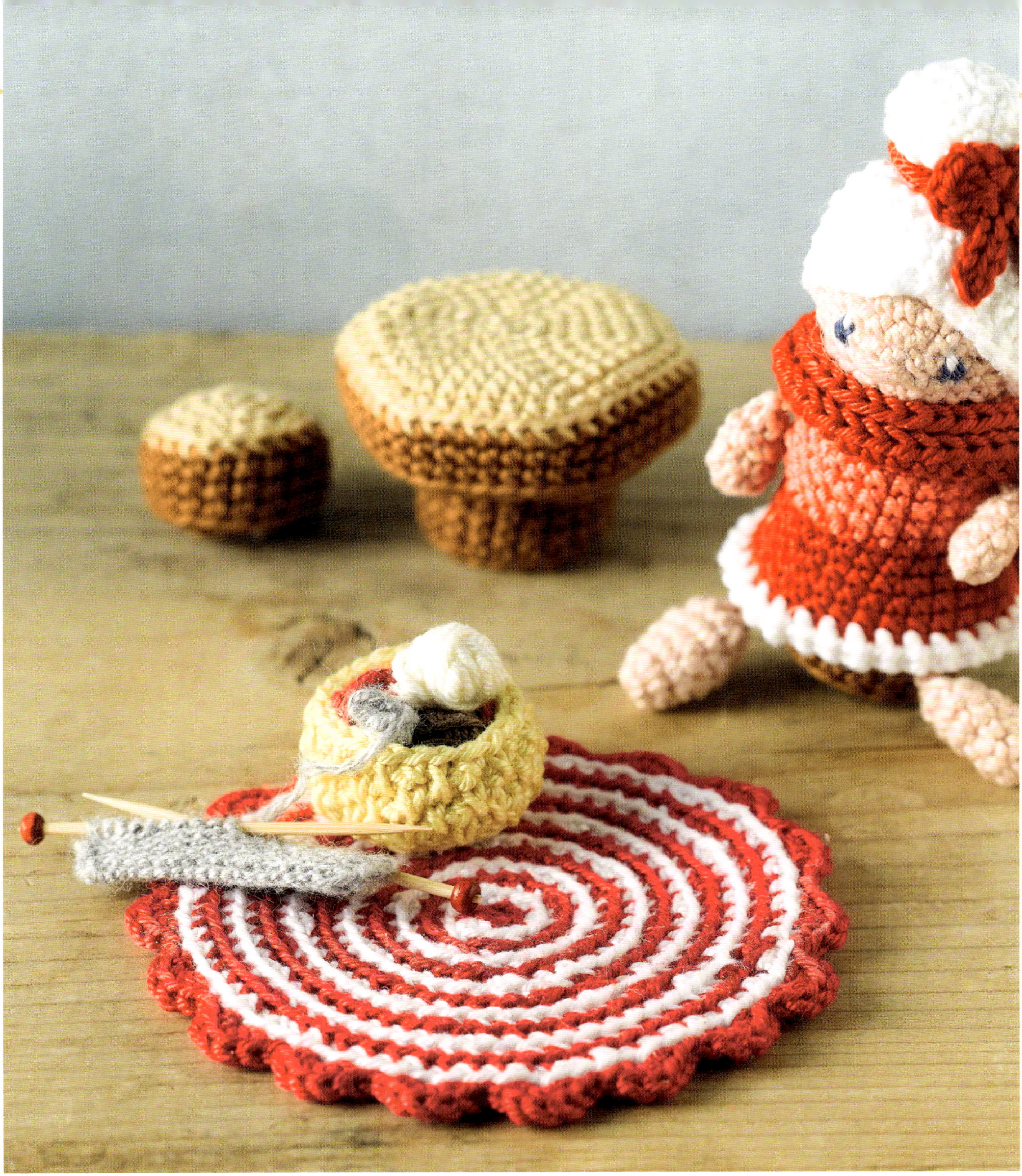

Streifenfolge

1 Rd in Weiß und 1 Rd in Feuerrot im Wechsel häkeln.

Farbwechsel

Die letzte M der einen Fb schon mit der neuen Fb abmaschen, damit ein exakter Fb-Übergang entsteht.

Anleitung

Alle Teile werden in Spiral-Rd gehäkelt. Dafür den Beginn jeder Rd mit einem M-Markierer oder Kontrastgarn kennzeichnen.

TEPPICH

In Feuerrot einen Magic-Ring anfertigen.

1. Rd: 6 fM in den Ring häkeln (= 6 M).

Weiter in Spiral-Rd häkeln und dabei in allen Rd in die hinteren M-Glieder einstechen.

2. Rd (Weiß): Jede fM verdoppeln (= 12 M).

3. Rd (Feuerrot): Jede 2. fM verdoppeln (= 18 M).

Weiter in der Streifenfolge arb.

4. Rd: Jede 3. fM verdoppeln (= 24 M).

5. Rd: Jede 4. fM verdoppeln (= 30 M).

6. Rd: Jede 5. fM verdoppeln (= 36 M).

7. Rd: Jede 6. fM verdoppeln (= 42 M).

8. Rd: Jede 7. fM verdoppeln (= 48 M).

9. Rd: Jede 8. fM verdoppeln (= 54 M).

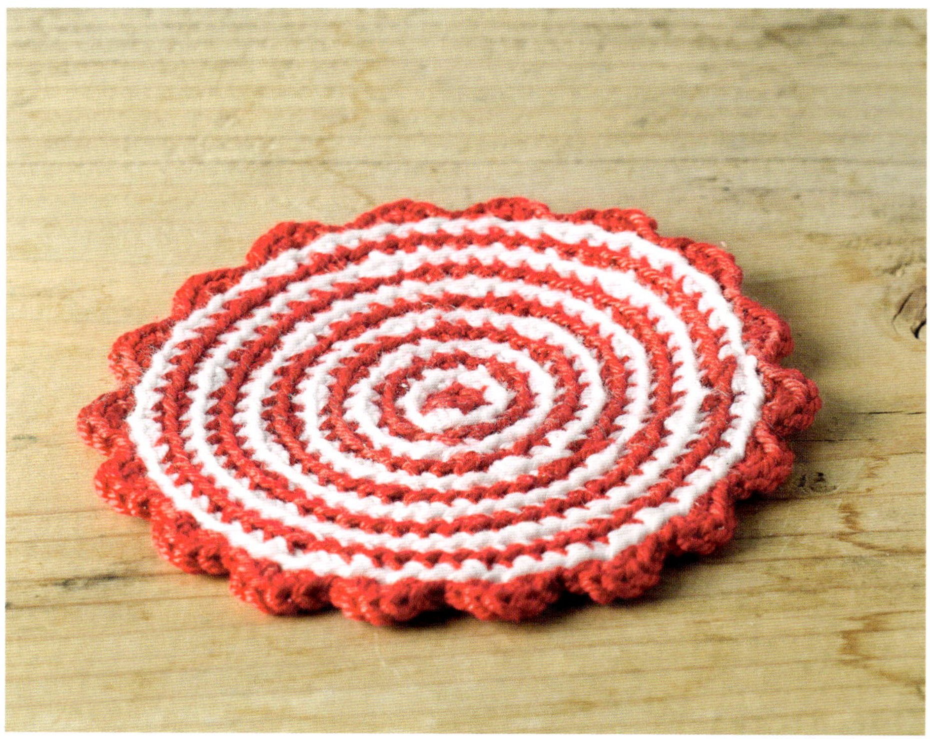

10. Rd: Jede 9. fM verdoppeln (= 60 M).
11. Rd: Jede 10. fM verdoppeln (= 66 M).
12. Rd: Jede 11. fM verdoppeln (= 72 M).
13. Rd: * 5 fM in 1 M, 1 M überspringen, 1 Km, 1 M überspringen, ab * fortlaufend wdh.
Mit 1 Km schließen. Faden abschneiden und durchziehen.

WOLLKORB

In Narzissengelb einen Magic-Ring anfertigen.
1. Rd: 6 fM in den Ring häkeln (= 6 M). Weiter in Spiral-Rd häkeln.
2. Rd: Jede fM verdoppeln (= 12 M).
3. Rd: Jede 2. fM verdoppeln (= 18 M).
4. Rd: Jede 3. fM verdoppeln (= 24 M).
5. Rd: Jede 4. fM verdoppeln (= 30 M).
6. Rd: 30 fM in die hinteren M-Glieder häkeln.
7. Rd: * 1 fM, 1 tiefgestochene fM, ab * fortlaufend wdh.
8. Rd: * 1 tiefergestochene fM, 1 fM, ab * fortlaufend wdh.
9.–11. Rd: Die 7. und 8. Rd fortlaufend wdh.
Mit 1 Km schließen. Faden abschneiden und durchziehen.

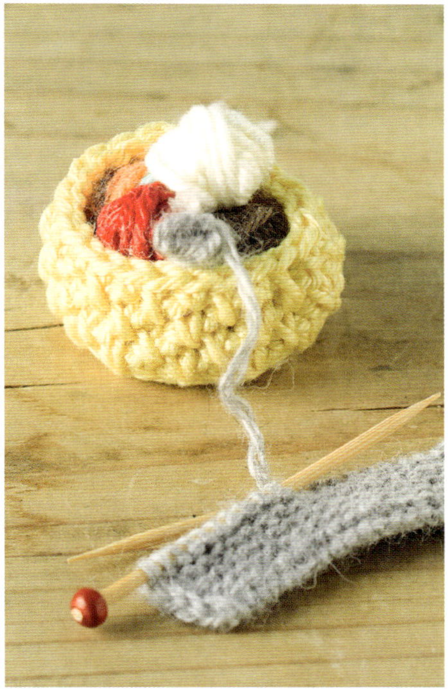

Fertigstellen

Alle Fäden vernähen. Aus Garnresten 5–6 Wollknäuel aufwickeln und die Enden mit Bastelkleber fixieren. Die Knäuel in den Wollkorb legen.

TIPP Wer will kann aus Zahnstochern Stricknadeln basteln und ein kleines Strickprojekt arbeiten. Perlen an einem Ende der Zahnstocher ankleben, damit das Gestrickte nicht von den Nadeln rutscht.

Zu Tisch!

Tisch und Hocker

Am liebsten stricken Wichtel bunte Ringelsöckchen, denn sie frieren schnell und nichts ist schlimmer, als kalte Füße zu haben. Auch Pullover und Handschuhe stricken die Wesen am liebsten für sich und ihre Freund:innen.

SCHWIERIGKEITSGRAD 1

GRÖSSE

Tisch: ø 5,5 cm x 3,5 cm
Hocker: ø 3 cm x 2 cm

MATERIAL

- Lana Grossa Cotone (LL 125 m/50 g) in Sandgelb (Fb 116) und Braun (Fb 37), je 50 g
- Häkelnadel 2,5 mm
- Wollnadel ohne Spitze
- feste Pappe
- Bastelkleber
- Füllwatte

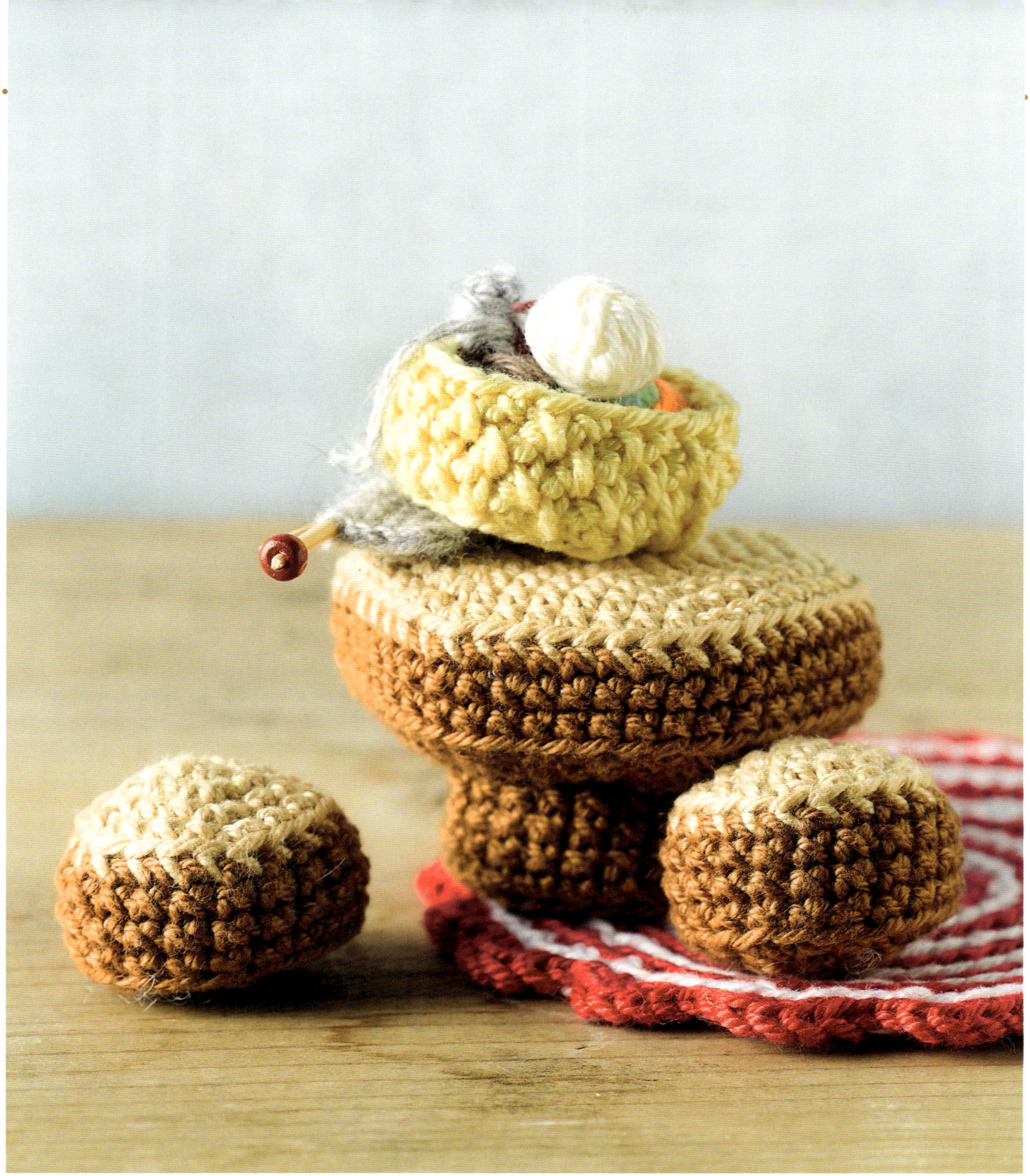

Anleitung

Alle Teile werden in Spiral-Rd gehäkelt. Dafür den Beginn jeder Rd mit einem M-Markierer oder Kontrastgarn kennzeichnen.

TISCH

Tischplatte

In Sandgelb einen Magic-Ring anfertigen.
1. Rd: 6 fM in den Ring häkeln (= 6 M).
Weiter in Spiral-Rd häkeln.
2. Rd: Jede fM verdoppeln (= 12 M).
3. Rd: Jede 2. fM verdoppeln (= 18 M).
4. Rd: Jede 3. fM verdoppeln (= 24 M).
5. Rd: Jede 4. fM verdoppeln (= 30 M).
6. Rd: Jede 5. fM verdoppeln (= 36 M).
7. Rd: Jede 6. fM verdoppeln (= 42 M).
8. Rd: Jede 7. fM verdoppeln (= 48 M).
9. Rd (Braun): 48 fM in die hinteren M-Glieder häkeln.
10.+11. Rd: Jeweils 48 fM häkeln.
Aus Pappe einen Kreis im Durchmesser der Tischplatte zuschneiden und von innen an die Tischplatte kleben.
12. Rd: In die hinteren M-Glieder häkeln: Jede 7. und 8. fM zusammen abmaschen (= 42 M).
13. Rd: Jede 6. und 7. fM zusammen abmaschen (= 36 M).
14. Rd: Jede 5. und 6. fM zusammen abmaschen (= 30 M).
15. Rd: In die hinteren M-Glieder häkeln: Jede 4. und 5. fM zusammen abmaschen (= 24 M).
16. Rd: Jede 3. und 4. fM zusammen abmaschen (= 18 M).
17. Rd: Jede 2. und 3. fM zusammen abmaschen (= 12 M).
Die Tischplatte gleichmäßig mit Füllwatte ausstopfen.
18. Rd: Immer 2 fM zusammen abmaschen (= 6 M).
Faden lang abschneiden, durchziehen, in eine Nd fädeln und die letzten 6 M damit zusammennähen.

Tischfuß

In Braun einen Magic-Ring anfertigen.
1. Rd: 6 fM in den Ring häkeln (= 6 M).
Weiter in Spiral-Rd häkeln.
2. Rd: Jede fM verdoppeln (= 12 M).
3. Rd: Jede 2. fM verdoppeln (= 18 M).
4. Rd: Jede 3. fM verdoppeln (= 24 M).
5. Rd: Jede 4. fM verdoppeln (= 30 M).
6. Rd: 30 fM in die hinteren M-Glieder häkeln.
7.–11. Rd: Jeweils 30 fM häkeln.
Aus Pappe einen Kreis im Durchmesser des Tischfußes zuschneiden und von innen an den Fuß kleben. Den Tischfuß gleichmäßig mit Füllwatte ausstopfen.
Faden lang abschneiden und durchziehen.

Fertigstellen

Den Tischfuß mit Überwendlingsstichen an die vorderen M-Glieder der 14. Rd der Tischplatte nähen. Alle Fäden vernähen.

HOCKER (2x)

In Sandgelb einen Magic-Ring anfertigen.
1. Rd: 5 fM in den Ring häkeln (= 5 M).
Weiter in Spiral-Rd häkeln.
2. Rd: Jede fM verdoppeln (= 10 M).
3. Rd: Jede 2. fM verdoppeln (= 15 M).
4. Rd: Jede 3. fM verdoppeln (= 20 M).
5. Rd (Braun): 20 fM in die hinteren M-Glieder häkeln.
10.+11. Rd: Jeweils 20 fM häkeln.
12. Rd: In die hinteren M-Glieder häkeln: Jede 3. und 4. fM zusammen abmaschen (= 15 M).
13. Rd: Jede 2. und 3. fM zusammen abmaschen (= 10 M).
Den Hocker gleichmäßig mit Füllwatte ausstopfen.
18. Rd: Immer 2 fM zusammen abmaschen (= 5 M).
Faden lang abschneiden, durchziehen, in eine Nd fädeln und die letzten 5 M damit zusammennähen.
Den 2. Hocker ebenso häkeln. Alle Fäden vernähen.

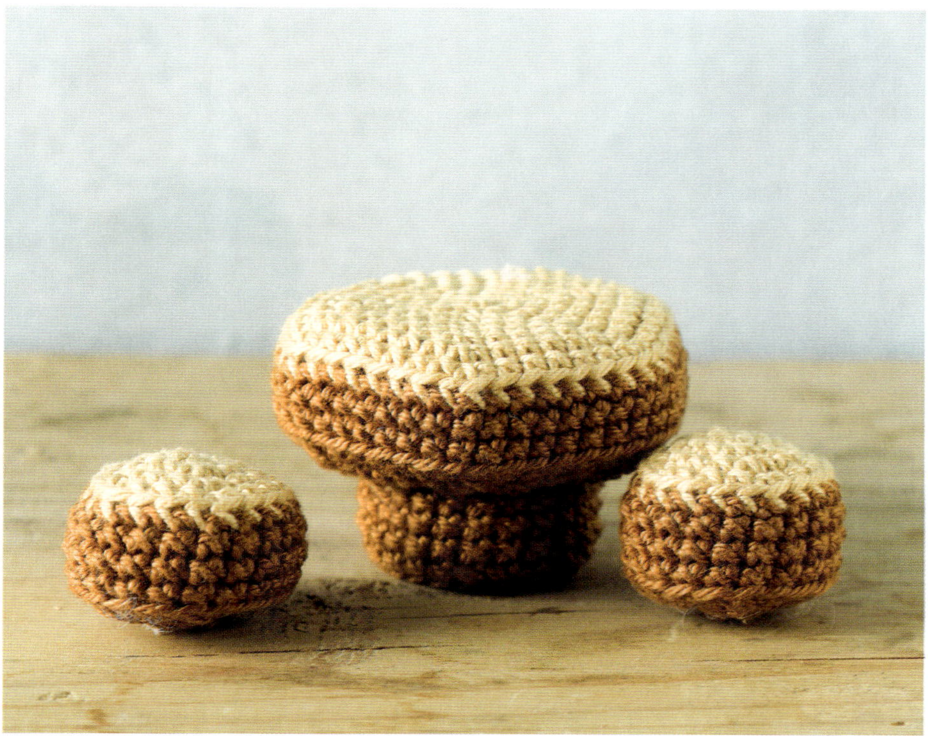

IN DER WEIHNACHTS-BÄCKEREI

Wichtel sind richtige Naschkatzen! Wenn nicht aufgepasst wird, ist die ganze Keksdose leer, bevor ein anderer die Möglichkeit hatte, Plätzchen zu kosten. Sie sind aber auch selbst begabte Bäcker und zaubern Kekse und Torten, die super lecker sind.
Danach muss die Küche zwar erstmal von Mehlstaub, Zuckerbergen und Eierschalen befreit werden, aber das Ergebnis kann sich sehen lassen. Und mit einer leckeren, heißen Schokolade entspannt der Wichtel nach einem erfolgreichen Backtag.

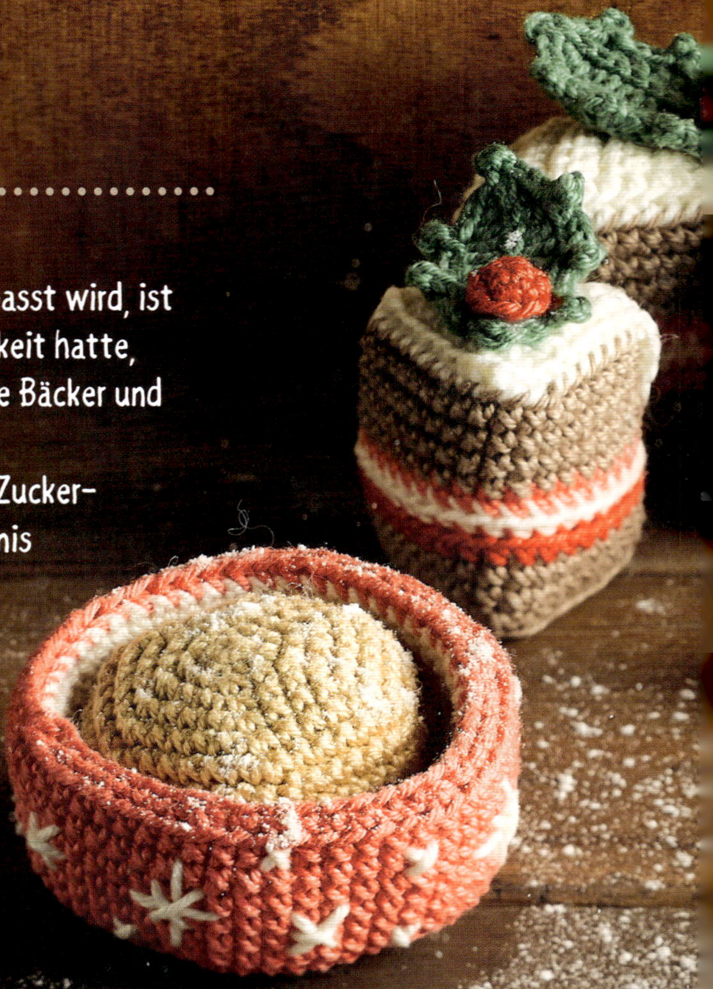

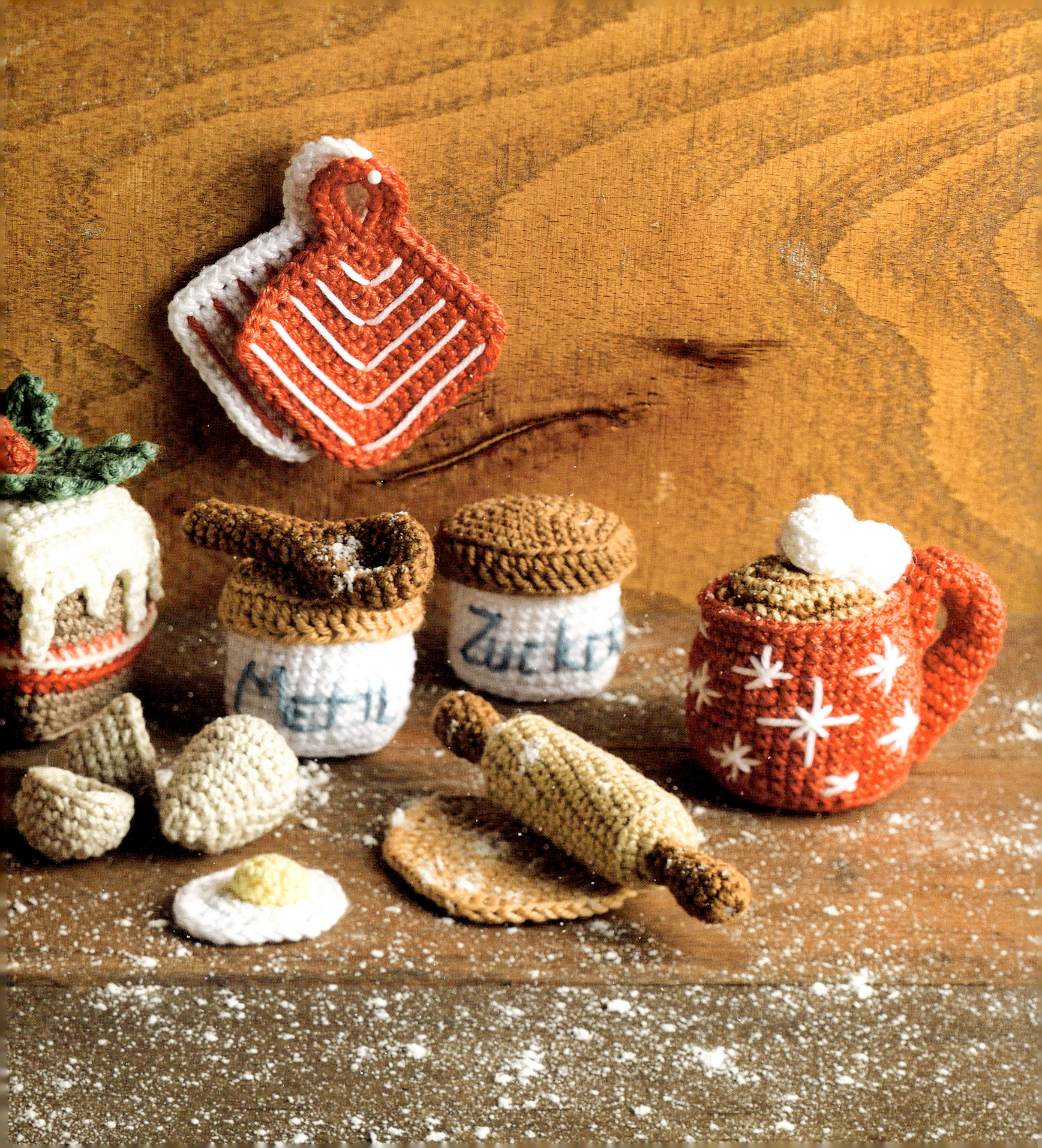

Mehl
Zucker

Heute wird gebacken

Rührschüssel und Backzubehör

SCHWIERIGKEITSGRAD 2

GRÖSSE

Schüssel: ø 6,5 cm x 3 cm
Löffel: ø 2,5 cm x 6,5 cm
Teigkloß: ø 4,5 cm x 1,5 cm
Teig, ausgerollt: ø 5,5 cm
Nudelholz: ø 2 cm x 10 cm
Eierschale 1: ø 2 cm x 1,5 cm
Eierschale 2: ø 2 cm x 2 cm
Spiegelei: ø 3,5 cm x 1 cm
Ganzes Ei: ø 2 cm x 3,5 cm
Dose: ø 3,5 cm x 3,5 cm

MATERIAL

- Lana Grossa Cotone (LL 125 m/50 g) in Azalee (Fb 82), Natur (Fb 28), Weiß (Fb 22), Sandgelb (Fb 116), Braun (Fb 37), Beige (Fb 26), Narzissengelb (Fb 94) und in Jeans (Fb 71), je 50 g
- Häkelnadel 2,5 mm
- Wollnadel ohne Spitze
- Bastelkleber
- Füllwatte

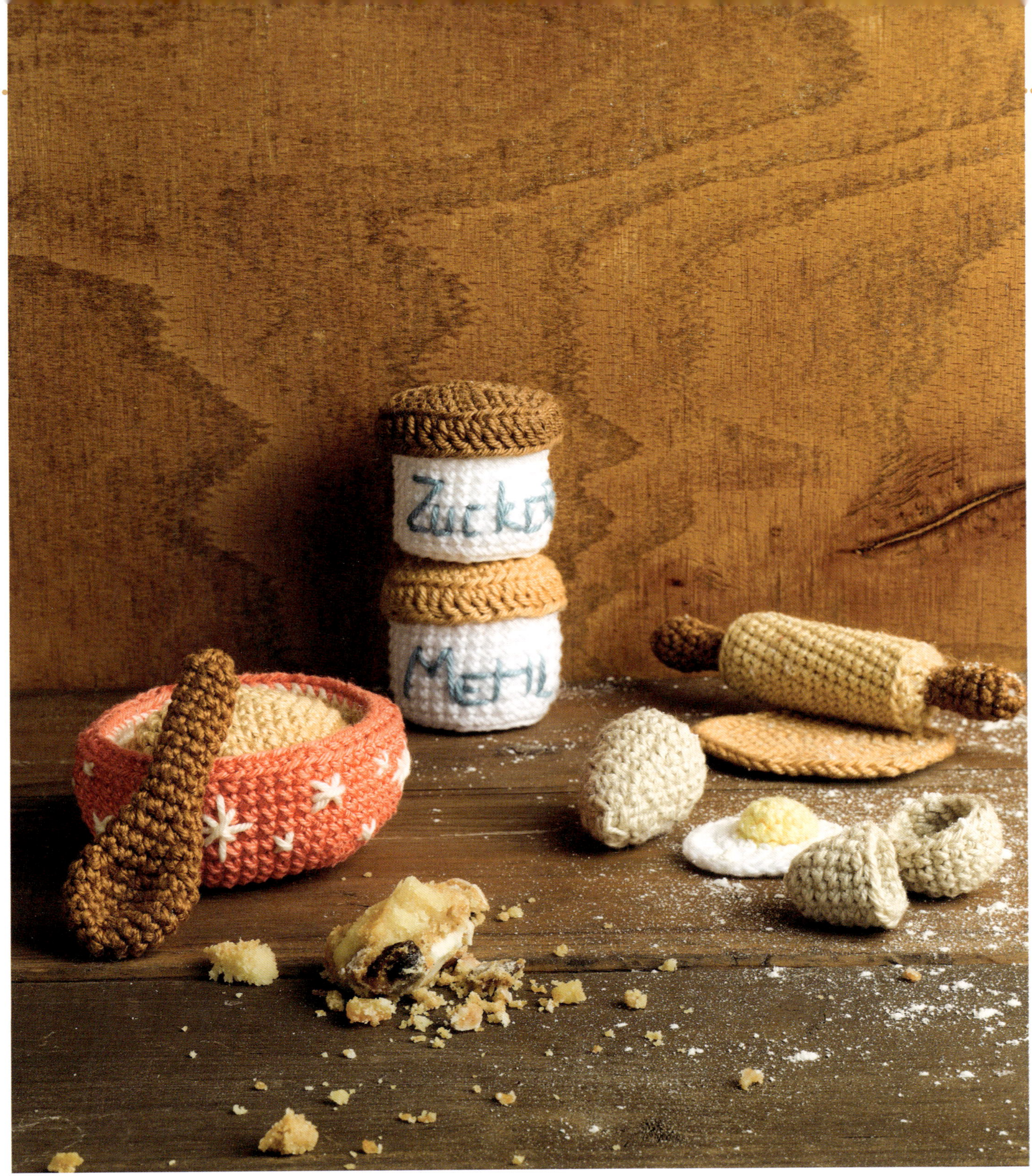
MEHL

Anleitung

Alle Teile werden in Spiral-Rd gehäkelt. Dafür den Beginn jeder Rd mit einem M-Markierer oder Kontrastgarn kennzeichnen.

SCHÜSSEL

In Azalee einen Magic-Ring anfertigen.
1. Rd: 6 fM in den Ring häkeln (= 6 M).
Weiter in Spiral-Rd häkeln.
2. Rd: Jede fM verdoppeln (= 12 M).
3. Rd: Jede 2. fM verdoppeln (= 18 M).
4. Rd: In die hinteren M-Glieder häkeln: Jede 3. fM verdoppeln (= 24 M).
5. Rd: Jede 4. fM verdoppeln (= 30 M).
6. Rd: Jede 5. fM verdoppeln (= 36 M).
7. Rd: Jede 6. fM verdoppeln (= 42 M).
8. Rd: Jede 7. fM verdoppeln (= 48 M).
9. Rd: Jede 8. fM verdoppeln (= 54 M).
10.–15. Rd: Jeweils 54 fM häkeln.
16. Rd: In die hinteren M-Glieder häkeln: Jede 8. und 9. fM zusammen abmaschen (= 48 M).
17.–21. Rd (Natur): Jeweils 48 fM häkeln.
22. Rd: Jede 7. und 8. fM zusammen abmaschen (= 42 M).
23. Rd: Jede 6 und 7. fM zusammen abmaschen (= 36 M).
24. Rd: Jede 5. und 6. fM zusammen abmaschen (= 30 M).
25. Rd: Jede 4. und 5. fM zusammen abmaschen (= 24 M).
26. Rd: Jede 3. und 4. fM zusammen abmaschen (= 18 M).
27. Rd: Jede 2. und 3. fM zusammen abmaschen (= 12 M).
28. Rd: Jede 3. und 4. fM zusammen abmaschen (= 9 M).
Faden lang abschneiden, durchziehen, in eine Nd fädeln und die letzten 9 M damit zusammennähen.
Alle Rd in Natur nach innen stülpen, so dass eine Schüssel entsteht. In einem vorderen M-Glied der 3. Rd in Azalee neu anschlingen und einen Rand häkeln. Die offene Seite der Schüssel zeigt zum Häkelnden.
1. Rd: 18 Km in die vorderen M-Glieder der 3. Rd häkeln. Mit 1 Km schließen.
Faden abschneiden, durchziehen und vernähen.
In Weiß Schneeflocken auf die Schüssel sticken.

LÖFFEL

In Braun einen Magic-Ring anfertigen.
1. Rd: 6 fM in den Ring häkeln (= 6 M).
Weiter in Spiral-Rd häkeln.
2. Rd: Jede fM verdoppeln (= 12 M).
3. Rd: Jede 2. fM verdoppeln (= 18 M).
4.–6. Rd: Jeweils 18 fM häkeln.
7. Rd: Jede 2. und 3. fM zusammen abmaschen (= 12 M).
8.+9. Rd: Jeweils 12 fM häkeln.
10. Rd: Jede 3. und 4. fM zusammen abmaschen (= 9 M).
11.–20. Rd: Jeweils 9 fM häkeln (= 9 M).
Nur den Stiel leicht mit Füllwatte ausstopfen.
21. Rd: Jede 2. und 3. fM zusammen abmaschen (= 6 M).
Faden lang abschneiden, durchziehen, in eine Nd fädeln und die letzten 6 M damit zusammennähen.

TEIG

Teig als Kloß

In Sandgelb einen Magic-Ring anfertigen.
1. Rd: 6 fM in den Ring häkeln (= 6 M).
Weiter in Spiral-Rd häkeln.
2. Rd: Jede fM verdoppeln (= 12 M).
3. Rd: Jede 2. fM verdoppeln (= 18 M).
4. Rd: Jede 3. fM verdoppeln (= 24 M).
5. Rd: Jede 4. fM verdoppeln (= 30 M).
6. Rd: Jede 5. fM verdoppeln (= 36 M).
7. Rd: Jede 6. fM verdoppeln (= 42 M).
8.+9. Rd: Jeweils 42 fM häkeln.
10. Rd: Jede 6 und 7. fM zusammen abmaschen (= 36 M).
11. Rd: Jede 5. und 6. fM zusammen abmaschen (= 30 M).
12. Rd: Jede 4. und 5. fM zusammen abmaschen (= 24 M).
13. Rd: Jede 3. und 4. fM zusammen abmaschen (= 18 M).
14. Rd: Jede 2. und 3. fM zusammen abmaschen (= 12 M).
Den Teig gleichmäßig mit Füllwatte ausstopfen.
15. Rd: Immer 2 fM zusammen abmaschen (= 6 M).
Faden lang abschneiden, durchziehen, in eine Nd fädeln und die letzten 6 M damit zusammennähen. Teigkloß in die Schüssel kleben.

Teig ausgerollt

In Sandgelb einen Magic-Ring anfertigen.
1. Rd: 6 fM in den Ring häkeln (= 6 M).
Weiter in Spiral-Rd häkeln.
2. Rd: Jede fM verdoppeln (= 12 M).
3. Rd: Jede 2. fM verdoppeln (= 18 M).
4. Rd: Jede 3. fM verdoppeln (= 24 M).
5. Rd: Jede 4. fM verdoppeln (= 30 M).
6. Rd: Jede 5. fM verdoppeln (= 36 M).
7. Rd: Jede 6. fM verdoppeln (= 42 M).
8. Rd: * 3 fM, 3 hStb, 2 Stb in 1 M, 3 Stb, 3 hStb, 2 fM in 1 M, ab * noch 2x wdh (= 48 M). Mit 1 Km schließen.
Faden abschneiden, durchziehen und vernähen.

NUDELHOLZ

Griff (2x)

In Braun einen Magic-Ring anfertigen.
1. Rd: 8 fM in den Ring häkeln (= 8 M).
Weiter in Spiral-Rd häkeln.
2.-4. Rd: Jeweils 8 fM häkeln.
5. Rd: * 2 fM zusammen abmaschen, 2 fM, ab * noch 1x wdh (= 6 M).
6.+7. Rd: Jeweils 6 fM häkeln. Mit 1 Km schließen.
Faden abschneiden, durchziehen und vernähen.
Den 2. Griff ebenso häkeln.

Rolle

In Sandgelb einen Magic-Ring anfertigen.
1. Rd: 5 fM in den Ring häkeln (= 5 M).
Weiter in Spiral-Rd häkeln.
2. Rd: Jede fM verdoppeln (= 10 M).
3. Rd: Jede 2. fM verdoppeln (= 15 M).
4. Rd: 15 fM in die hinteren M-Glieder häkeln.
5.-19. Rd: Jeweils 15 fM häkeln.
20. Rd: In die hinteren M-Glieder häkeln:
* 2 fM zusammen abmaschen, 1 fM, ab * noch 4x wdh (= 10 M).

Die Rolle gleichmäßig mit Füllwatte ausstopfen.

21. Rd: Immer 2 fM zusammen abmaschen (= 5 M).

Faden lang abschneiden, durchziehen, in eine Nd fädeln und die letzten 5 M damit zusammennähen. Die Griffe des Nudelholzes mit Füllwatte ausstopfen und an die Rolle nähen.

EIER

Eierschale 1 (Unterteil)

In Beige einen Magic-Ring anfertigen.

1. Rd: 6 fM in den Ring häkeln (= 6 M). Weiter in Spiral-Rd häkeln.

2. Rd: Jede fM verdoppeln (= 12 M).

3. Rd: Jede 2. fM verdoppeln (= 18 M).

4.–6. Rd: Jeweils 18 fM häkeln.

Mit 1 Km schließen. Faden abschneiden, durchziehen und vernähen.

Eierschale 2 (Oberteil)

In Beige einen Magic-Ring anfertigen.

1. Rd: 6 fM in den Ring häkeln (= 5 M). Weiter in Spiral-Rd häkeln.

2. Rd: Jede fM verdoppeln (= 10 M).

3. Rd: 10 fM häkeln.

4. Rd: * 1 fM, 1 fM verdoppeln, ab * noch 3x wdh, 2 fM (= 14 M).

5.+6. Rd: Jeweils 14 fM häkeln.

Mit 1 Km schließen. Faden abschneiden, durchziehen und vernähen.

Spiegelei

In Gelb einen Magic-Ring anfertigen.

1. Rd: 6 fM in den Ring häkeln (= 6 M). Weiter in Spiral-Rd häkeln.

2. Rd: Jede fM verdoppeln (= 12 M).

3. Rd: 12 fM häkeln.

Das Eigelb mit Füllwatte ausstopfen.

4. Rd: In die hinteren M-Glieder häkeln. Immer 2 fM zusammen abmaschen (= 6 M).

Faden lang abschneiden, durchziehen, in eine Nd fädeln und die letzten 6 M damit zusammennähen.

In Weiß in einem vorderen M-Glied der 3. Rd des Eigelbs anschlingen. Die Oberseite des Eigelb zeigt zum Häkelnden.

1. Rd: Jede 2. fM verdoppeln (= 18 M).

2. Rd: Jede 3. fM verdoppeln (= 24 M).

3. Rd: 3 fM, 1 fM verdoppeln, 2 hStb, 1 Stb, 2 Stb in 1 M, 1 hStb, 2 fM, 1 fM verdoppeln, 1 Km. Die restlichen M bleiben unbehäkelt.

Faden abschneiden, durchziehen und vernähen.

Ganzes Ei

In Beige einen Magic-Ring anfertigen.

1. Rd: 6 fM in den Ring häkeln (= 6 M). Weiter in Spiral-Rd häkeln.

2. Rd: Jede fM verdoppeln (= 12 M).

3. Rd: Jede 2. fM verdoppeln (= 18 M).

4.–6. Rd: Jeweils 18 fM häkeln.

7. Rd: * 2 fM, 2 fM zusammen abmaschen, ab * noch 3x wdh, 2 fM (= 14 M).

8.+9. Rd: Jeweils 14 fM häkeln.

10. Rd: * 1 fM, 2 fM zusammen abmaschen, ab * noch 3x wdh, 2 fM (= 10 M).
11. Rd: 10 fM häkeln.
Das Ei mit Füllwatte ausstopfen.
12. Rd: Immer 2 fM zusammen abmaschen (= 5 M).
Faden lang abschneiden, durchziehen, in eine Nd fädeln und die letzten 5 M damit zusammennähen.

MEHL- UND ZUCKERDOSE

Dose (2x)

In Weiß einen Magic-Ring anfertigen.
1. Rd: 6 fM in den Ring häkeln (= 6 M).
Weiter in Spiral-Rd häkeln.
2. Rd: Jede fM verdoppeln (= 12 M).
3. Rd: Jede 2. fM verdoppeln (= 18 M).
4. Rd: Jede 3. fM verdoppeln (= 24 M).
5. Rd: Jede 4. fM verdoppeln (= 30 M).
6. Rd: 30 fM in die hinteren M-Glieder häkeln.
7.–15. Rd: Jeweils 30 fM häkeln.
Mit 1 Km schließen. Faden abschneiden, durchziehen und vernähen.
Die 2. Dose ebenso häkeln.

Deckel (2x)

In Braun einen Magic-Ring anfertigen.
1. Rd: 6 fM in den Ring häkeln (= 6 M).
Weiter in Spiral-Rd häkeln.
2. Rd: Jede fM verdoppeln (= 12 M).
3. Rd: Jede 2. fM verdoppeln (= 18 M).
4. Rd: Jede 3. fM verdoppeln (= 24 M).
5. Rd: Jede 4. fM verdoppeln (= 30 M).
6. Rd: Jede 5. fM verdoppeln (= 36 M).
7. Rd: 36 Stb in die hinteren M-Glieder häkeln.
Mit 1 Km schließen. Faden abschneiden, durchziehen und vernähen.
Den 2. Deckel ebenso häkeln.
Die Dose mit Füllwatte ausstopfen.

Die Deckel mit Überwendlingsstich auf die Dosen nähen. Zum Schluss in Jeans „Mehl" und „Zucker" auf die Dosen sticken. Alle Fäden vernähen.

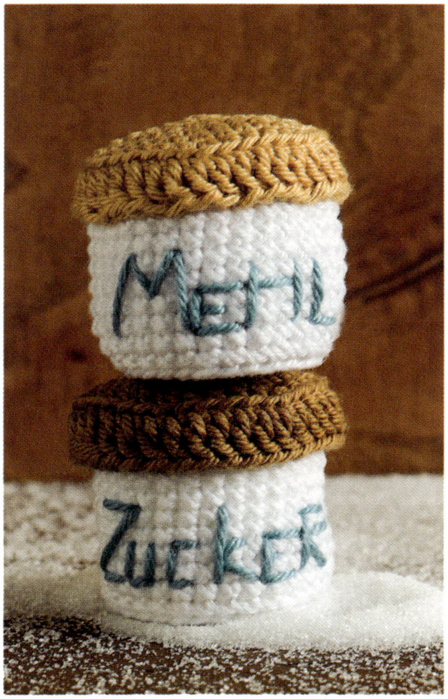

Für Nachtisch ist gesorgt

Weihnachtstorte

Zu Weihnachten darf bei den Wichteln die berühmte Weihnachtstorte mit Karamellcreme nicht fehlen. Die Weihnachtstorte wird ebenso schnell vernascht wie sie gebacken wurde.

SCHWIERIGKEITSGRAD 3

GRÖSSE

Torte: ø 7 cm x 5,5 cm
Tortenstück: 3,5 cm x 5,5 cm

MATERIAL

- Lana Grossa Cotone (LL 125 m/50 g) in Natur (Fb 28), Graubraun (Fb 30), Rot (Fb 18), Altrosa (Fb 57) und Farngrün (Fb 54), je 50 g
- Häkelnadel 2,5 mm
- Wollnadel ohne Spitze
- feste Pappe
- Bastelkleber
- Füllwatte

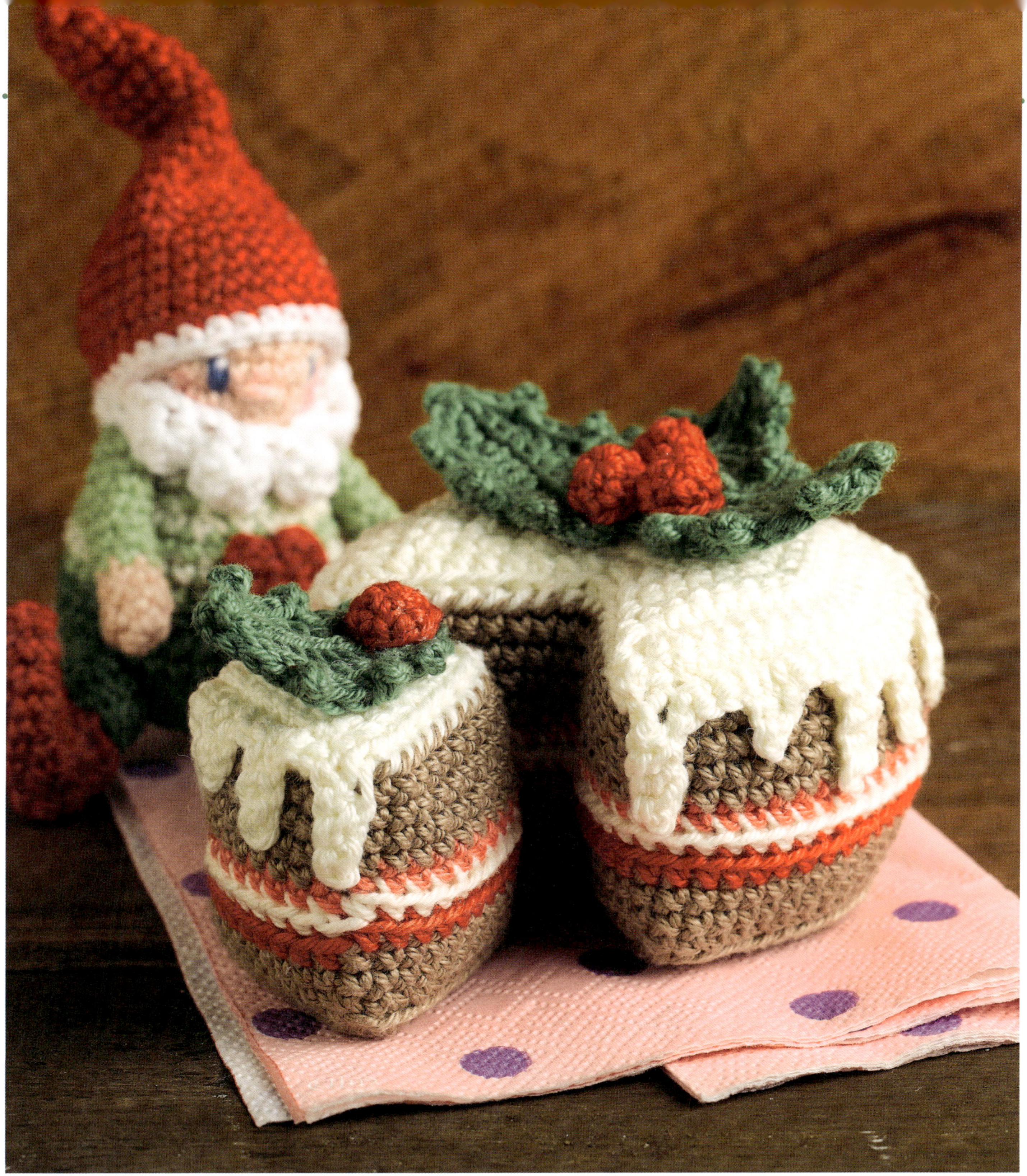

Anleitung

Boden und die Oberseite der Torte werden von einem Magic-Ring ausgehend in R gehäkelt. Dadurch entsteht ein offener Kreis. Boden und Oberseite des Tortenstücks werden von einem Magic-Ring ausgehend in R gehäkelt. Dadurch entsteht ein Dreieck. Beide Formen werden umhäkelt und zur Rd geschlossen. Dann geht es weiter in Spiral-Rd. Dafür den Beginn jeder Rd mit einem M-Markierer oder Kontrastgarn kennzeichnen. Das Ilex-Blatt wird mit einer Lm-Kette begonnen, die von beiden Seiten in geschlossenen Rd umhäkelt wird.

TORTE

Tortenboden

In Graubraun einen Magic-Ring anfertigen.

1. R: 5 fM in den Ring häkeln (= 5 M).

Weiter in R häkeln. Am Ende jeder R mit 1 Lm wenden.

2. R: Jede fM verdoppeln (= 10 M).
3. R: Jede 2. fM verdoppeln (= 15 M).
4. R: Jede 3. fM verdoppeln (= 20 M).
5. R: Jede 4. fM verdoppeln (= 25 M).
6. R: Jede 5. fM verdoppeln (= 30 M).
7. R: Jede 6. fM verdoppeln (= 35 M).
8. R: Jede 7. fM verdoppeln (= 40 M).
9. R: Jede 8. fM verdoppeln (= 45 M).

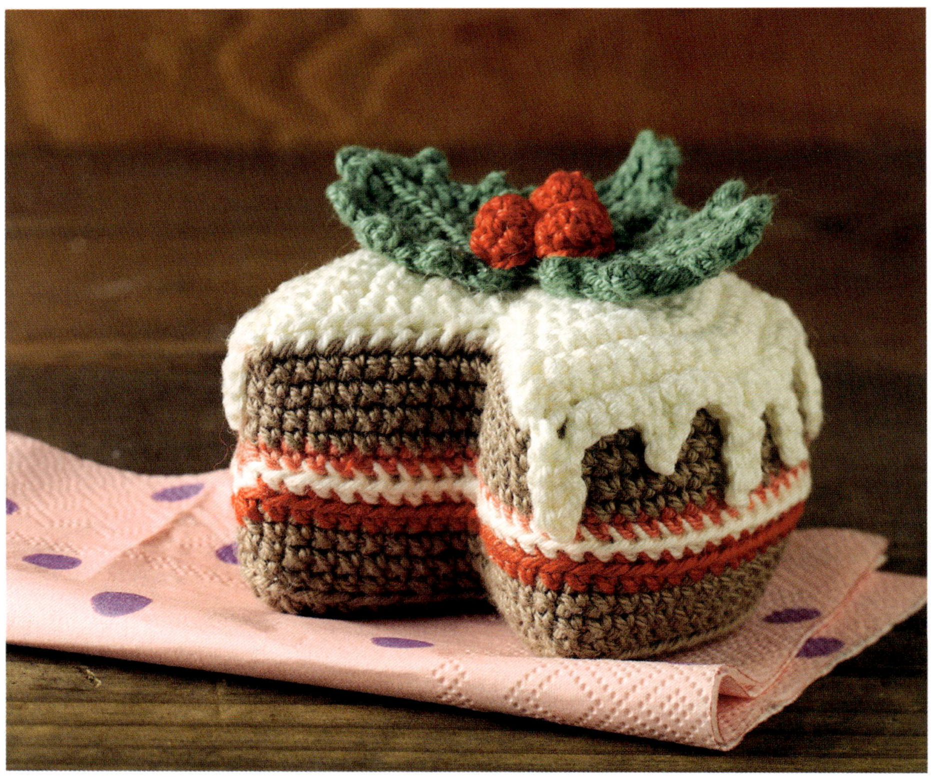

Weiter den Boden umhäkeln. An der Torteninnenseite beginnen. Nicht wenden.
10. R: 1 Lm, 18 fM, [1 fM, 1 Lm, 1 fM] in 1 M (= 1. Ecke), 44 fM, [1 fM, 1 Lm, 1 fM] in 1 M (= 2. Ecke). Mit 1 Km schließen (= 68 M).
In Spiral-Rd weiterhäkeln.
1. Rd: 1 Lm, 68 fM in die hinteren M-Glieder häkeln.
2.+3. Rd: Jeweils 68 fM häkeln.
4. Rd (Rot): 68 fM häkeln.
5. Rd (Natur): 68 fM in die hinteren M-Glieder häkeln.
6. Rd (Altrosa): 68 fM in die hinteren M-Glieder häkeln.
7.-10. Rd (Graubraun): Jeweils 68 fM häkeln. Mit 1 Km schließen. Faden abschneiden und durchziehen.
Ein Stück Pappe in Größe und Form des Bodens zuschneiden und mit Bastelkleber von innen auf den Tortenboden kleben.

Tortenoberseite

In Natur die 1.-10. R wie den Tortenboden häkeln. Faden mit 1 m Länge abschneiden und durchziehen.

Torte zusammensetzen

Die Oberseite mit Überwendlingsstichen an den Tortenboden nähen. Dabei darauf achten, dass bei der Oberseite nur in die hinteren M-Glieder gestochen wird, während beim Tortenboden durch beide M-Glieder gestochen wird. Sobald 3/4 der Torte zusammengenäht sind, die Torte gleichmäßig mit Füllwatte ausstopfen. Dann den Rest der Torte mit Überwendlingsstichen zusammennähen. Alle Fäden vernähen.

Sahne

Der Boden der Torte zeigt zum Häkelnden. In Natur in einem vorderen M-Glied der Oberseite anschlingen und wie folgt am Rand die Sahnetropfen häkeln. Es wird nur an den äußeren Tortenrand gehäkelt, nicht an die Innenseite:
1. Rd: 4 Lm, ab der 2. Lm von der Nd aus 1 Km und 2 fM. 3 fM in die 10. R des Tortenbodens. 5 Lm, ab der 2. Lm von der Nd aus 1 Km und 3 fM. 5 fM in die 10. Rd des Tortenbodens. 3 Lm, ab der 2. Lm von der Nd aus 1 Km und 1 fM. 4 fM in die 10. Rd des Tortenbodens. 5 Lm, ab der 2. Lm von der Nd aus 1 Km und 3 fM. 5 fM in die 10. Rd des Tortenbodens. 4 Lm, ab der 2. Lm von der Nd aus 1 Km und 2 fM, 4 fM in die 10. Rd des Tortenbodens. 5 Lm, ab der 2. Lm von der Nd aus 1 Km und 3 fM, 5 fM in die 10. Rd des Tortenbodens. 3 Lm, ab der 2. Lm von der Nd aus 1 Km und 1 fM. 4 fM in die 10. Rd des Tortenbodens. 5 Lm, ab der 2. Lm von der Nd aus 1 Km und 3 fM. 5 fM in die 10. Rd des Tortenbodens. 4 Lm, ab der 2. Lm von der Nd aus 1 Km und 2 fM, 4 fM in die10. Rd des Tortenbodens. 5 Lm, ab der 2. Lm von der Nd aus 1 Km und 3 fM. 5 fM in die 10. Rd des Tortenbodens. 1 Km in die nächste M.
Faden abschneiden und durchziehen.

TORTENSTÜCK

In Graubraun einen Magic-Ring anfertigen.
1. R: 1 fM in den Ring häkeln (= 1 M).
Weiter in R häkeln. Am Ende jeder R mit 1 Lm wenden.
2. R: 1 fM verdoppeln (= 2 M).
3. R: 1 fM, 1 fM verdoppeln (= 3 M).
4. R: 2 fM, 1 fM verdoppeln (= 4 M).
5. R: 3 fM, 1 fM verdoppeln (= 5 M).
6. R: 4 fM, 1 fM verdoppeln (= 6 M).
7. R: 5 fM, 1 fM verdoppeln (= 7 M).
8. R: 6 fM, 1 fM verdoppeln (= 8 M).
9. R: 7 fM, 1 fM verdoppeln (= 9 M).
10. R: 8 fM, 1 fM verdoppeln (= 10 M).
Weiter den Boden umhäkeln. An der TortenInnenseite beginnen. Nicht wenden.
11. R: 1 Lm, 7 fM, [1 fM, 1 Lm, 1 fM] in 1 M (= 1. Ecke), 7 fM, [1 fM, 1 Lm, 1 fM] in 1 M (= 2. Ecke), 7 fM, 1 Lm. Mit 1 Km schließen (= 3. Ecke) (= 28 M).
Nicht wenden. In Spiral-Rd weiterhäkeln.
1. Rd: 1 Lm, 28 fM in die hinteren M-Glieder häkeln.
2.+3. Rd: 28 fM häkeln.
4. Rd (Rot): 28 fM häkeln.
5. Rd (Natur): 28 fM in die hinteren M-Glieder häkeln.
6. Rd (Altrosa): 28 fM in die hinteren M-Glieder häkeln.
7.–10. Rd (Graubraun): 28 fM häkeln.
Mit 1 Km schließen. Faden abschneiden und durchziehen.
Ein Stück Pappe in Größe und Form des Tortenstücks zuschneiden und mit Bastelkleber von innen auf das Tortenstück kleben.

Oberseite des Tortenstücks

In Natur die 1.–11. R wie das Tortenstück häkeln. Faden mit 50 cm Länge abschneiden und durchziehen.

Tortenstück zusammensetzen

Die Oberseite mit Überwendlingsstich an das Tortenstück nähen. Dabei darauf achten, dass bei der Oberseite nur in die hinteren M-Glieder gestochen wird, während beim Tortenstück durch beide M-Glieder gestochen wird. Sobald zwei Seiten des Tortenstücks zusammengenäht sind, alles gleichmäßig mit Füllwatte ausstopfen. Dann die letzte Seite mit Überwendlingsstich schließen. Alle Fäden vernähen.

Sahne

Der Boden des Tortenstücks zeigt zum Häkelnden. In Natur in einem vorderen M-Glied der Oberseite anschlingen und wie folgt am Rand die Sahnetropfen häkeln. Es wird nur an den äußeren Tortenrand gehäkelt, nicht an die Innenseite:
1. Rd: 5 Lm, ab der 2. Lm von der Nd aus 1 Km und 3 fM. 3 fM in die M der 10. Rd.
4 Lm, ab der 2. Lm von der Nd aus 1 Km und 2 fM. 2 fM in die M der 10. Rd.
3 Lm, ab der 2. Lm von der Nd aus 1 Km und 1 fM, 2 fM in die M der 10. Rd.
5 Lm, ab der 2. Lm von der Nd aus 1 Km und 3 fM. 3 fM in der 10. Rd.
1 Km in die nächste M. Faden abschneiden und durchziehen.

Ilex-Blatt (4x)

In Farngrün 10 Lm anschlagen.

1. Rd: Ab der 2. Lm von der Nd aus 2 fM, 1 hStb, 1 Stb, 2 Stb in 1 M, 1 Stb, 1 hStb, 2 fM, 1 Lm. Auf der Rückseite der Lm-Kette zurückhäkeln: 2 fM, 1 hStb, 1 Stb, 2 Stb in 1 M, 1 Stb, 1 hStb, 2 fM. Mit 1 Km schließen. (= 22 M).

2. Rd: * 3 Lm, 1 Km in die 3. Lm von der Nd aus, 3 Km in die M der 1. Rd, ab * noch 2x wdh. ** 3 Lm, 1 Km in die 3. Lm von der Nd aus, 2 Km in die M der 1. Rd, ab ** noch 1x wdh. *** 3 Lm, 1 Km in die 3. Lm von der Nd aus, 3 Km in die M der 1. Rd, ab *** noch 2x wdh. Mit 1 Km schließen.

Weiter 9 Km mittig über das Ilex-Blatt häkeln. Faden abschneiden und durchziehen.

Beere (4x)

In Rot einen Magic-Ring anfertigen.

1. Rd: 6 fM in den Ring häkeln (= 6 M). Weiter in Spiral-Rd häkeln.

2. Rd: 6 fM häkeln.

Mit 1 Km schließen. Faden abschneiden und durchziehen.

Noch 3 weitere Beeren ebenso häkeln.

Fertigstellen

Die Ilex-Blätter mit Bastelkleber auf die Torte und das Tortenstück kleben und auf jedes Ilex-Blatt noch 1 Beere mit der offenen Unterseite kleben.

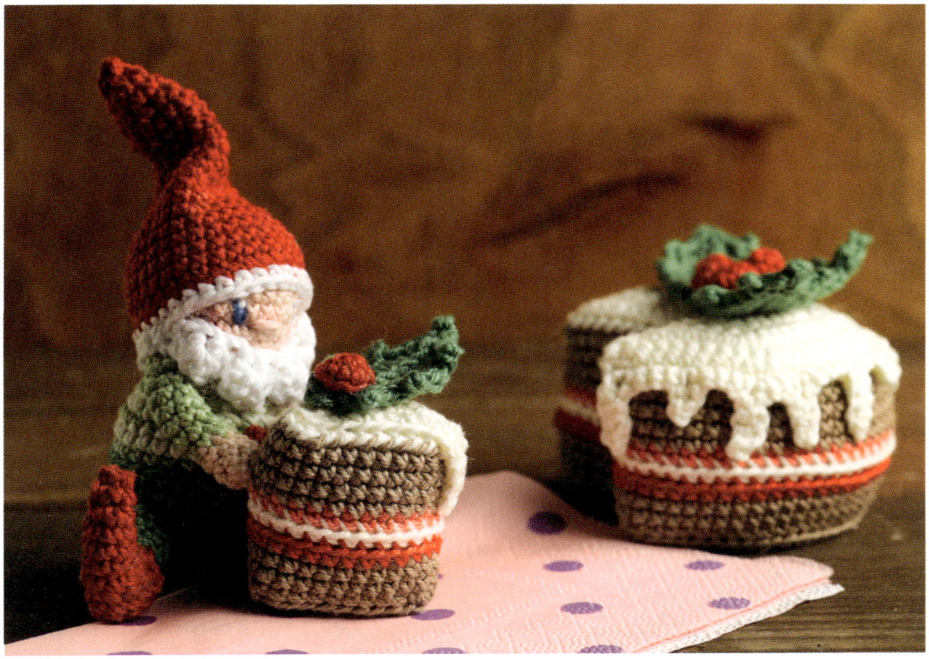

Lecker aufgewärmt

Kakaobecher mit Marshmallows

Wichtel mögen es, nach den vielen Streichen und Abenteuern, entspannt zuhause auf dem Sofa zu sitzen und einen leckeren Kakao mit Marshmallows zu trinken. Nach einem langen Spaziergang in der kalten Winterluft schmeckt ein heißer Kakao besonders gut.

SCHWIERIGKEITSGRAD 1

GRÖSSE

ø 6 cm x 6 cm

MATERIAL

- Lana Grossa Cotone (LL 125 m/50 g) in Rot (Fb 18), Braun (Fb 37), Sandgelb (Fb 116) und Weiß (Fb 22), je 50 g
- Häkelnadel 2,5 mm
- Wollnadel ohne Spitze
- feste Pappe
- Bastelkleber
- Füllwatte

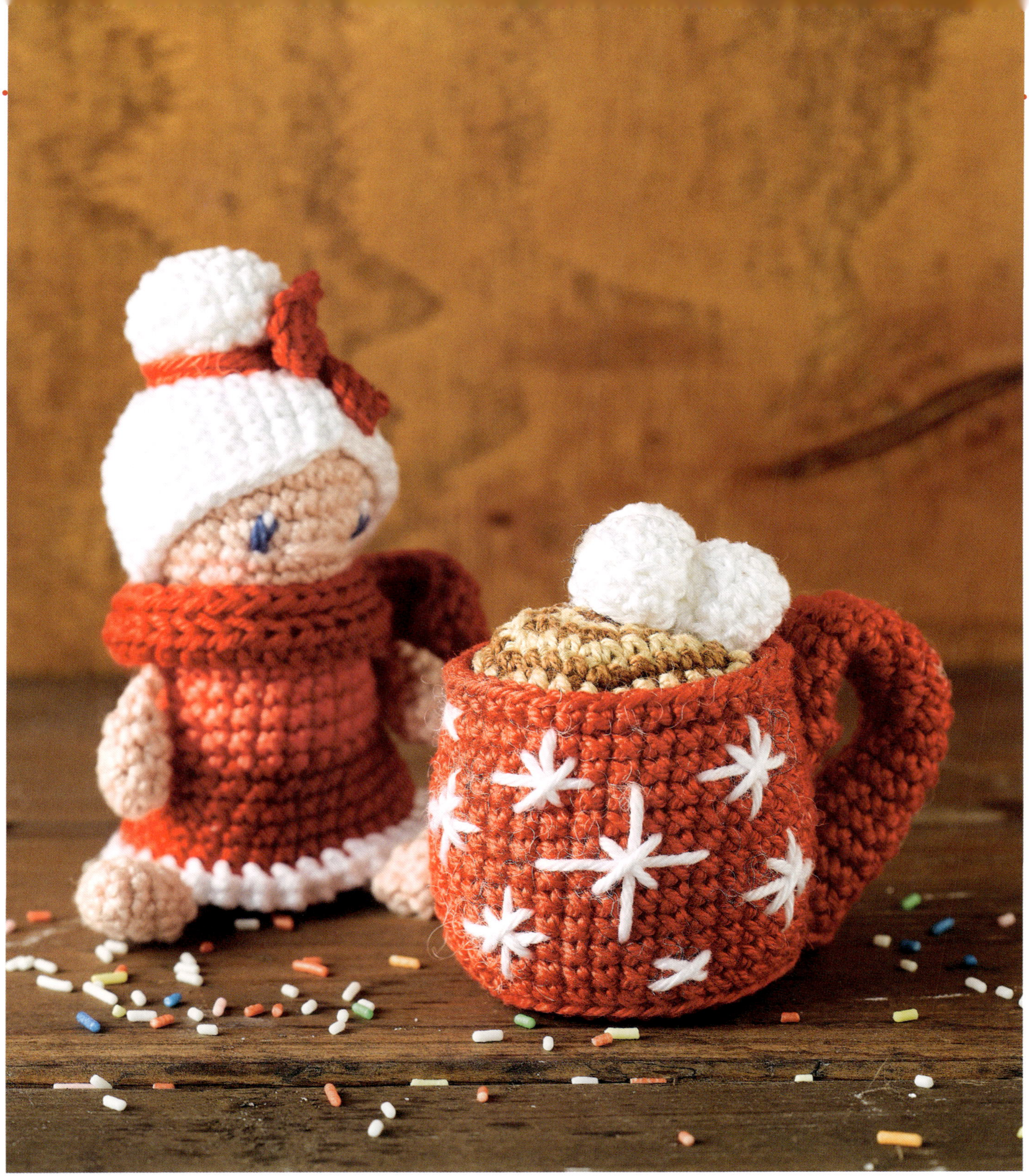

Anleitung
Alle Teile werden in Spiral-Rd gehäkelt. Dafür den Beginn jeder Rd mit einem M-Markierer oder Kontrastgarn kennzeichnen.

Streifenfolge
1 Rd in Sandgelb und 1 Rd in Braun im Wechsel häkeln.

Farbwechsel
Die letzte M der einen Fb schon mit der neuen Fb abmaschen, damit ein exakter Fb-Übergang entsteht.

KAKAOBECHER
Becher
In Rot einen Magic-Ring anfertigen.

1. Rd: 6 fM in den Ring häkeln (= 6 M).

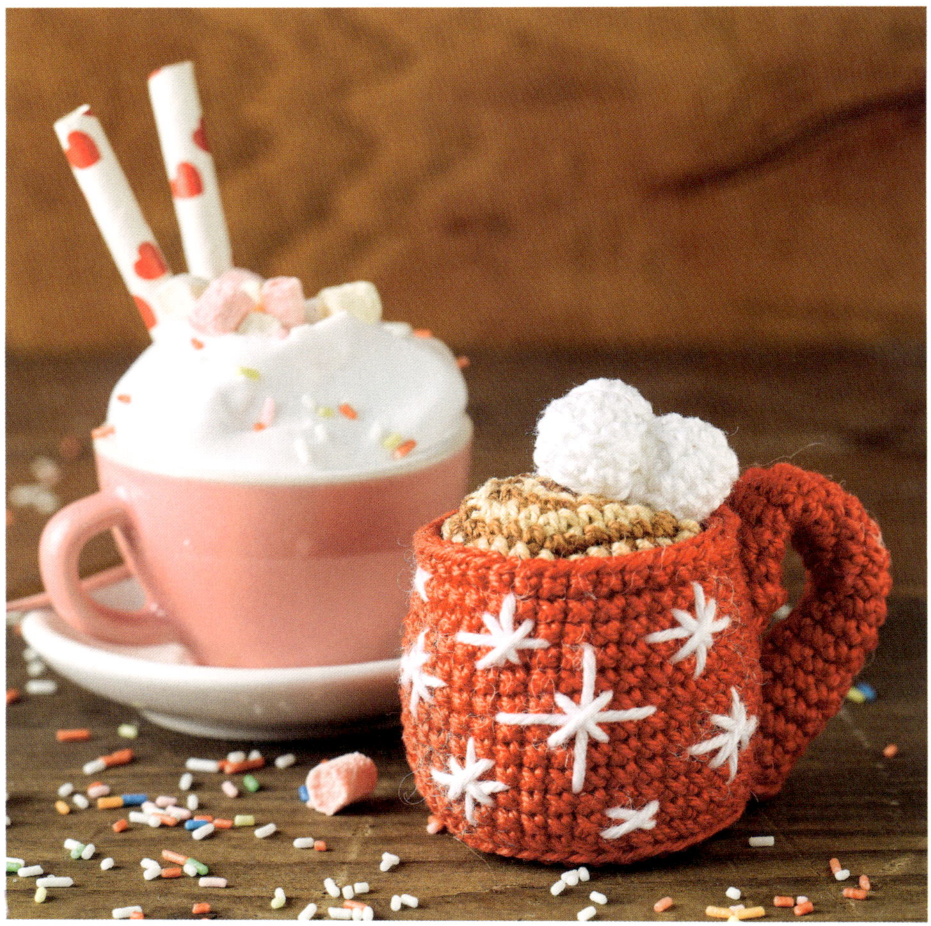

Weiter in Spiral-Rd häkeln.
2. Rd: Jede M verdoppeln (= 12 M).
3. Rd: Jede 2. fM verdoppeln (= 18 M).
4. Rd: Jede 3. fM verdoppeln (= 24 M).
5. Rd: Jede 4. fM verdoppeln (= 30 M).
6. Rd: Jede 5. fM verdoppeln (= 36 M).
7. Rd: 36 fM in die hinteren M-Glieder häkeln.
8.–17. Rd: Jeweils 36 fM häkeln.
Mit 1 Km schließen. Faden abschneiden und durchziehen.
Pappe im Durchmesser des Becherbodens zuschneiden und von innen in den Becher kleben.

Kakao

In Braun einen Magic-Ring anfertigen.
1. Rd: 6 fM in den Ring häkeln (= 6 M).
Weiter in Spiral-Rd in der Streifenfolge häkeln.
2. Rd: Jede M verdoppeln (= 12 M).
3. Rd: Jede 2. fM verdoppeln (= 18 M).
4. Rd: Jede 3. fM verdoppeln (= 24 M).
5. Rd: Jede 4. fM verdoppeln (= 30 M).
6. Rd: Jede 5. fM verdoppeln (= 36 M).
Mit 1 Km schließen. Faden abschneiden und durchziehen.

Henkel

In Rot einen Magic-Ring anfertigen.
1. Rd: 6 fM in den Ring häkeln (= 6 M).
Weiter in Spiral-Rd häkeln.
2. Rd: Jede 2. fM verdoppeln (= 9 M).
3.–22. Rd: Jeweils 9 fM häkeln, dabei den Henkel mit Füllwatte ausstopfen.
Mit 1 Km schließen. Faden abschneiden und durchziehen.

Marshmallow (3x)

In Weiß einen Magic-Ring anfertigen.
1. Rd: 6 fM in den Ring häkeln (= 6 M).
Weiter in Spiral-Rd häkeln.
2. Rd: Jede 2. fM verdoppeln (= 9 M).
3.+4. Rd: Jeweils 9 fM häkeln.
Mit 1 Km schließen. Faden abschneiden und durchziehen.
Noch 2 weitere Marshmallows ebenso häkeln und alle 3 mit Füllwatte ausstopfen.

Fertigstellen

Den Becher mit Füllwatte ausstopfen und den Kakao mit Überwendlingsstich auf den Becher nähen, dabei nur durch die vorderen M-Glieder der 17. Rd des Bechers und durch beide M-Glieder des Kakaos stechen. Dann in Rot in einem hinteren M-Glied der 17. Rd des Bechers anschlingen, der Boden des Bechers zeigt zum Häkelnden. Nun rundum 36 fM als Rand häkeln. Mit 1 Km schließen. Faden abschneiden und durchziehen.
Den Henkel mit Überwendlingsstich an den Becher nähen, die Marshmallows auf den Kakao nähen oder kleben. Zum Schluss Schneeflocken in Weiß auf den Becher sticken. Alle Fäden vernähen.

Achtung heiß!

Topflappen

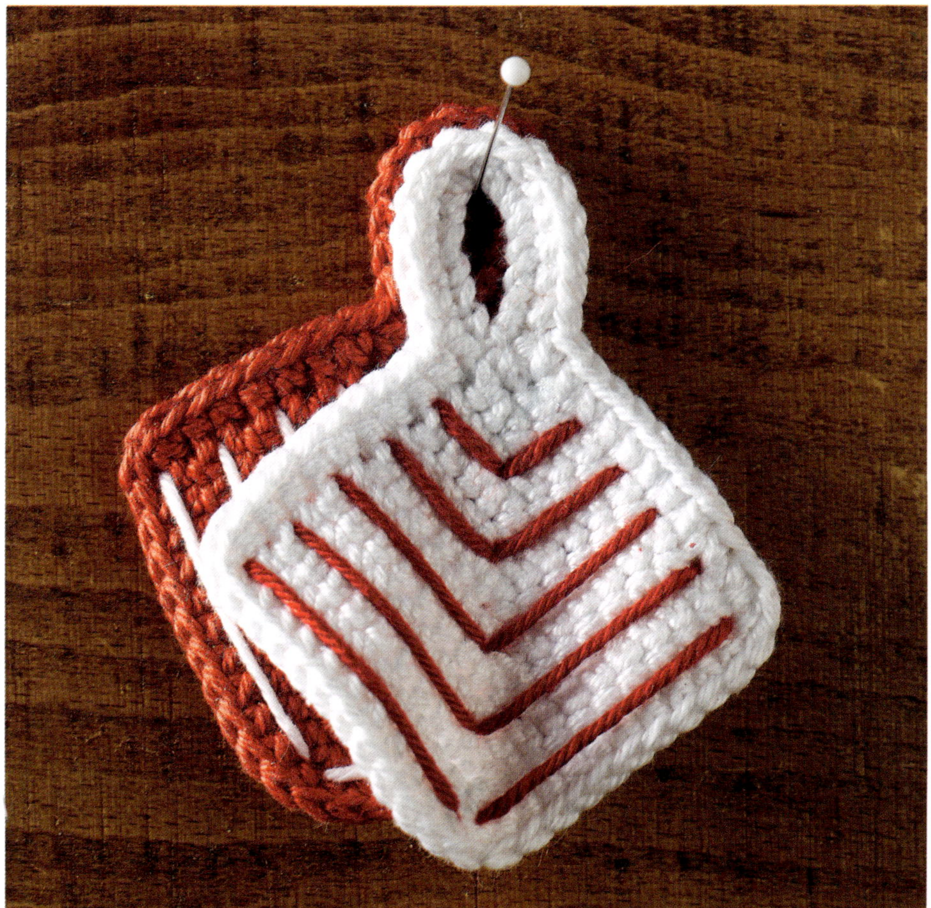

Um die leckeren Wichtelplätzchen aus dem Ofen zu holen, brauchen die Wichtel natürlich auch Topflappen, um sich nicht die Finger zu verbrennen.

SCHWIERIGKEITSGRAD 1

GRÖSSE

6 cm x 7,5 cm

MATERIAL

- Lana Grossa Cotone (LL 125 m/50 g) in Weiß (Fb 22) und Rot (Fb 18), je 50 g
- Häkelnadel 2,5 mm
- Wollnadel ohne Spitze

Topflappen (2x)

In Rot einen Magic-Ring anfertigen.

1. R: Als Aufhänger 15 fM in den Ring häkeln (= 15 M).

Weiter in R häkeln. Am Ende jeder R mit 1 Lm wenden.

2. R: 3 fM in 1 M häkeln (= 3 M).

3. R: 1 fM, 3 fM in 1 M, 1 fM (= 5 M).

4. R: 2 fM, 3 fM in 1 M, 2 fM (= 7 M).

5. R: 3 fM, 3 fM in 1 M, 3 fM (= 9 M).

6. R: 4 fM, 3 fM in 1 M, 4 fM (= 11 M).

7. R: 5 fM, 3 fM in 1 M, 5 fM (= 13 M).

8. R: 6 fM, 3 fM in 1 M, 6 fM (= 15 M).

9. R: 7 fM, 3 fM in 1 M, 7 fM (= 17 M).

10. R: 8 fM, 3 fM in 1 M, 8 fM (= 19 M).

11. R: 9 fM, 3 fM in 1 M, 9 fM (= 21 M).

12. R: 10 fM, 3 fM in 1 M, 10 fM (= 23 M).

Jetzt den Topflappen umhäkeln, nicht wenden:

1 Lm, 10 fM, 15 fM am Aufhänger, 10 fM, 1 Lm, 23 fM, 1 Lm.

Mit 1 Km schließen. Faden abschneiden und durchziehen.

Den 2. Topflappen in Weiß ebenso häkeln.

Fertigstellen

Mit langen Stielstichen in Weiß und Rot Linien auf die Topflappen sticken. Alle Fäden vernähen.

Der Magic-Ring

1 Den Faden von rechts einmal um den Zeigefinger und weiter einmal um den Daumen der linken Hand wickeln. Zwischen Daumen und Zeigefinger ist der Faden gespannt.

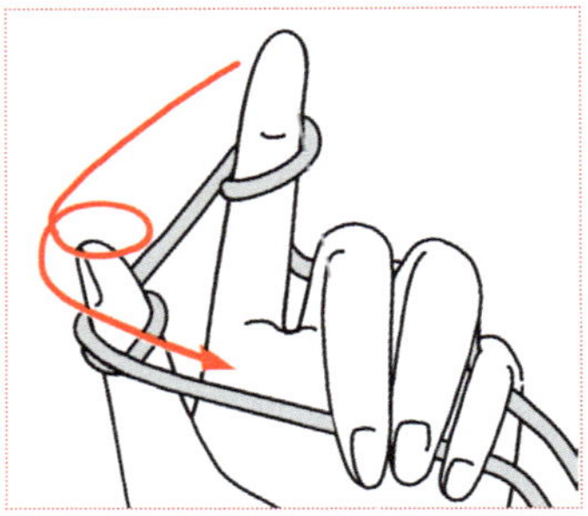

2 Mit der Häkelnadel unter den Faden am Daumen stechen und den Faden, der zum Zeigefinger führt, als Schlaufe durchziehen.

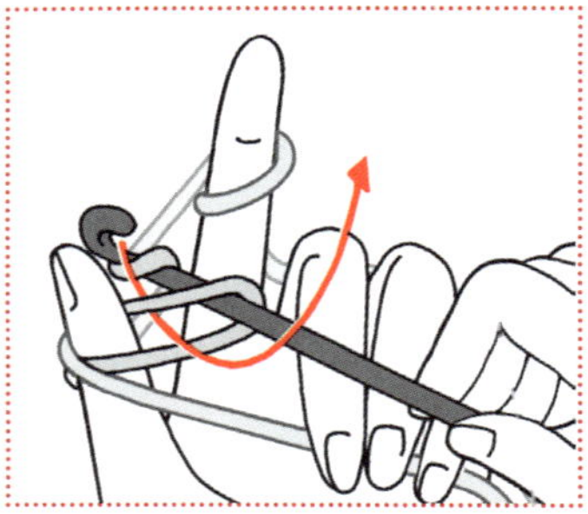

3 Aus der Schlaufe 1 Luftmasche häkeln.

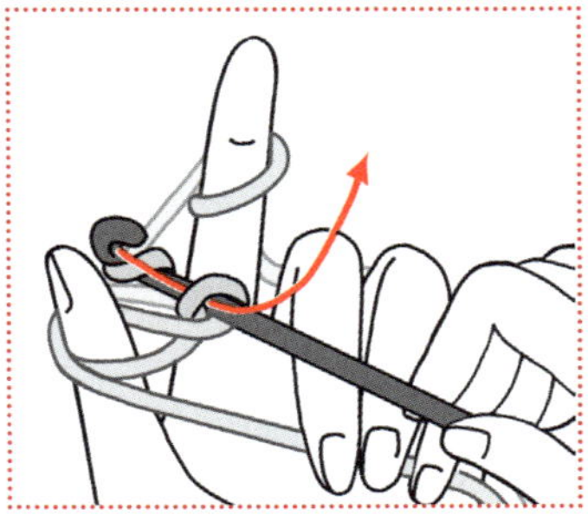

4 Um feste Maschen in den Magic-Ring zu häkeln, den Faden erneut als Schlaufe durchziehen ...

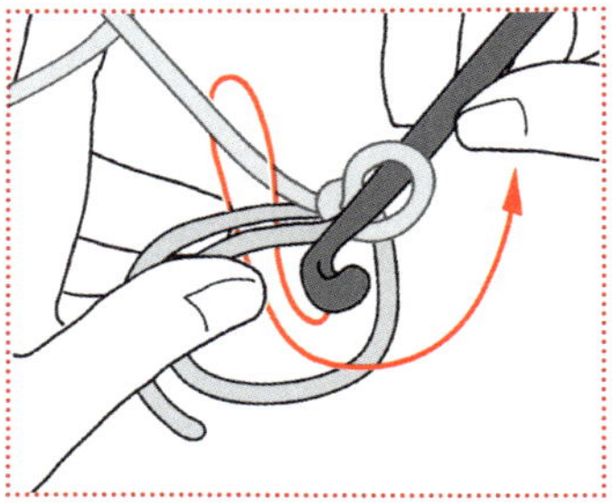

5 ... und aus beiden Schlaufen 1 feste Masche häkeln. Werden Stäbchen in den Ring gehäkelt, aus der Schlaufe 3 Luftmaschen häkeln und anschließend die benötigte Anzahl der Stäbchen in den Ring arbeiten.

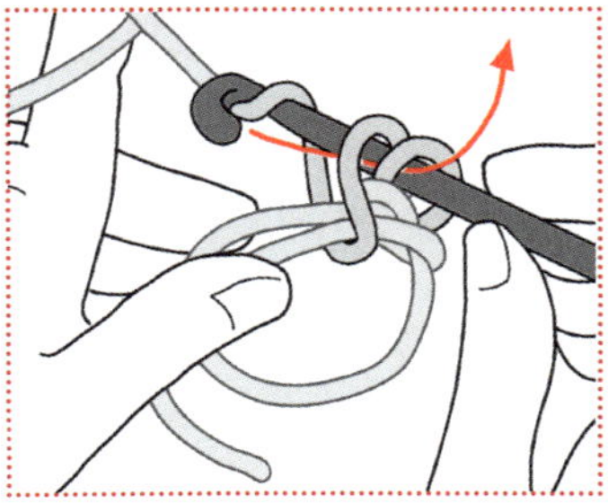

6 Ist die benötigte Anzahl an Maschen gehäkelt, am losen Faden ziehen, um den Ring zusammenzuziehen. Den Magic-Ring mit 1 Kettmasche schließen.

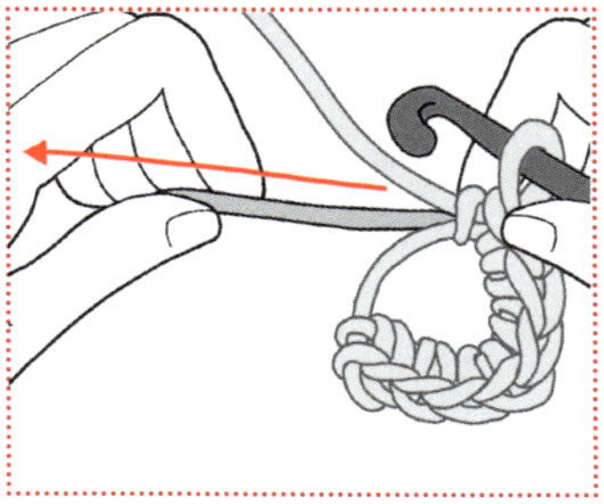

Luftmaschen anschlagen

Zuerst eine Anfangsschlinge bilden.

1 Den Faden zwischen kleinen und Ringfinger klemmen und führen hinter dem Mittelfinger entlangführen. Nun den Faden um den Zeigefinger legen ...

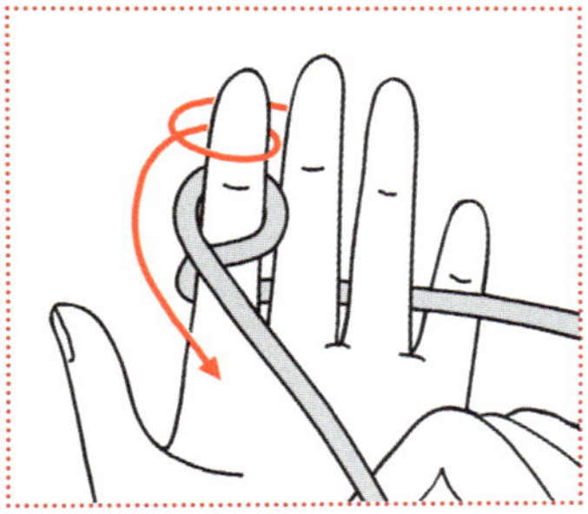

2 ... und um den Daumen schlingen. Das Fadenende liegt in der Hand.

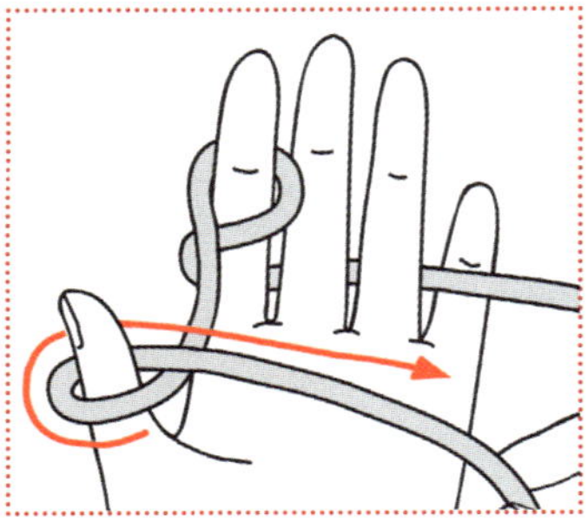

3 Mit der Nadel den Faden vom Zeigefinger durch die Daumenschlinge holen. Den Daumen aus der Schlinge nehmen.

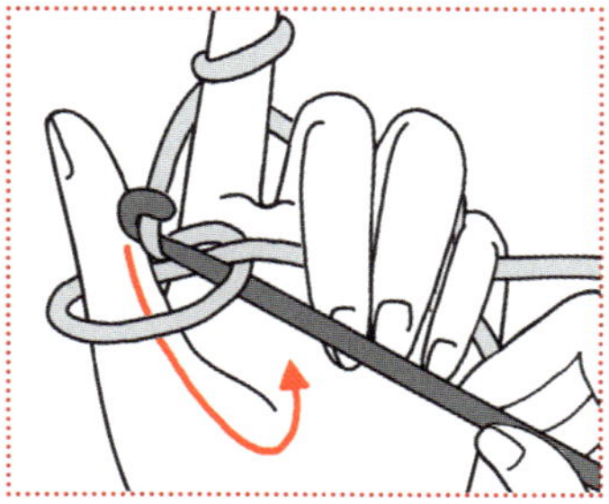

4 Den Daumen unter das Fadenende schieben, das mit dem Mittel-, Ring- und dem kleinen Finger festgehalten wird.

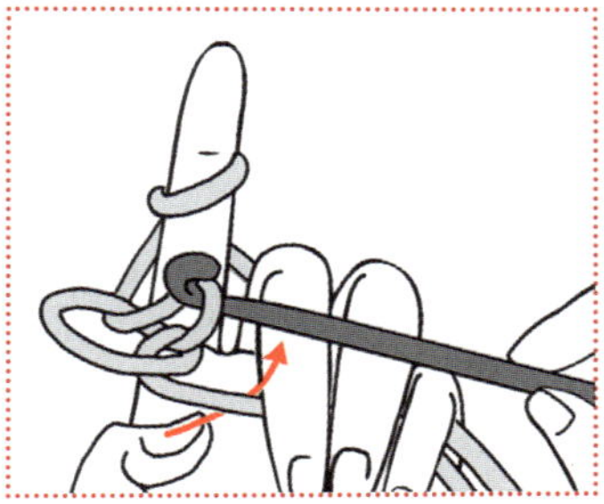

5 Dann Daumen und Zeigefinger spreizen und die Anfangsschlinge auf der Nadel festziehen. Sie sollte beweglich auf der Nadel liegen, jedoch nicht herunterrutschen.

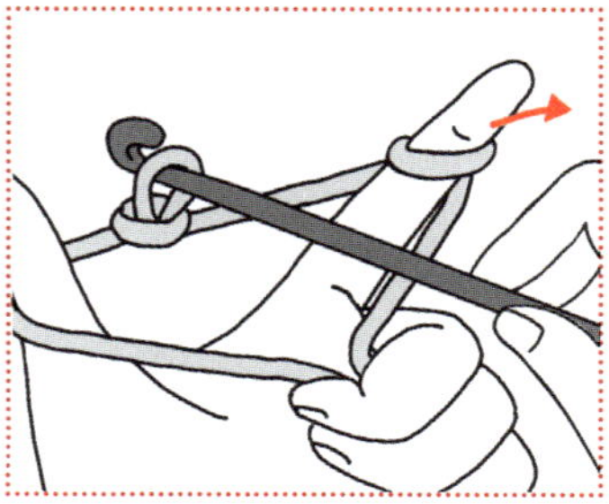

6 Um weitere Luftmaschen anzuschlagen, mit der Nadel den Faden, der vom Zeigefinger kommt, holen und durch die Schlinge auf der Nadel ziehen. So entsteht eine Luftmaschenkette.

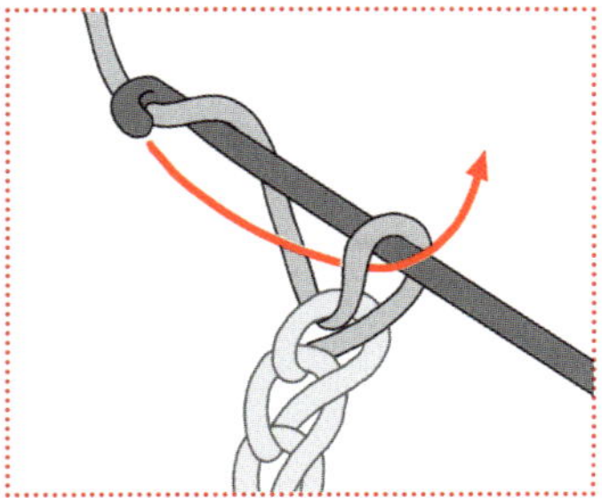

Feste Maschen

1 Mit der Häkelnadel in die zweite Luftmasche von der Nadel aus einstechen und den Faden holen, indem Sie ihn von hinten nach vorne mit der Nadel erfassen ...

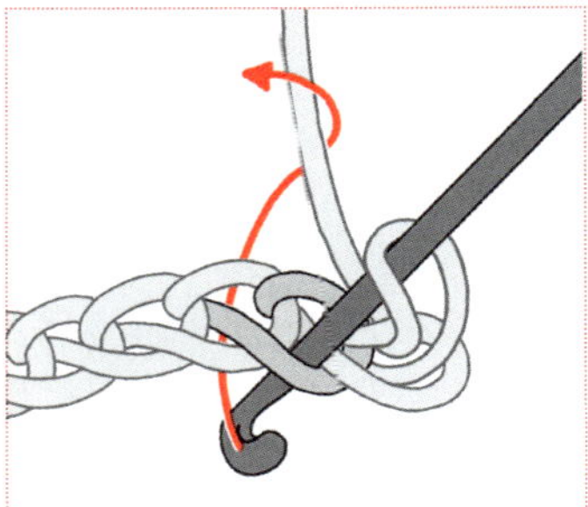

2 ... und ihn durch die Luftmasche ziehen. Jetzt liegen 2 Schlingen auf der Nadel.

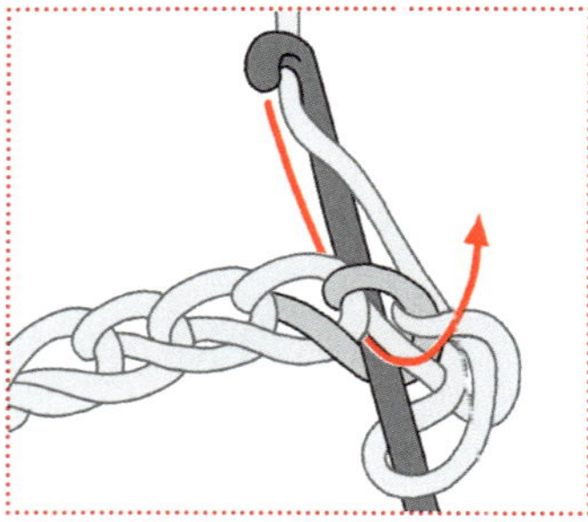

3 Nun noch einmal den Faden holen (von hinten nach vorne) und durch beide Schlingen ziehen.

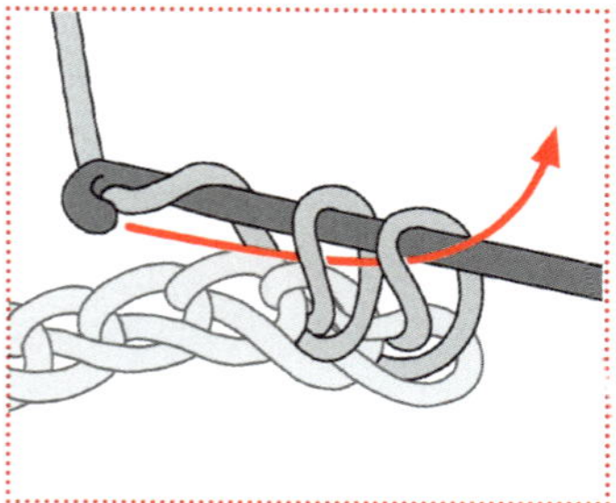

4 Nun in die nächste Luftmasche einstechen und die Schritte wiederholen.

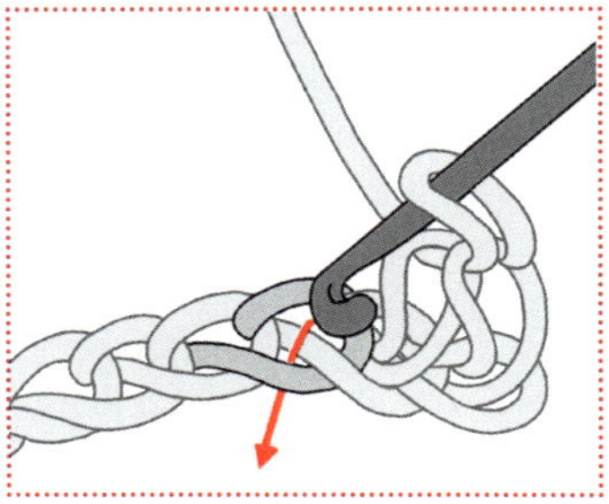

5 Werden feste Maschen in Reihen gehäkelt, muss die Arbeit nach jeder Reihe gewendet werden. Am Reihenanfang immer zunächst 1 Wende-Luftmasche häkeln. Dann in die nächste Masche der vorangegangenen Reihe einstechen und weiter feste Maschen häkeln.

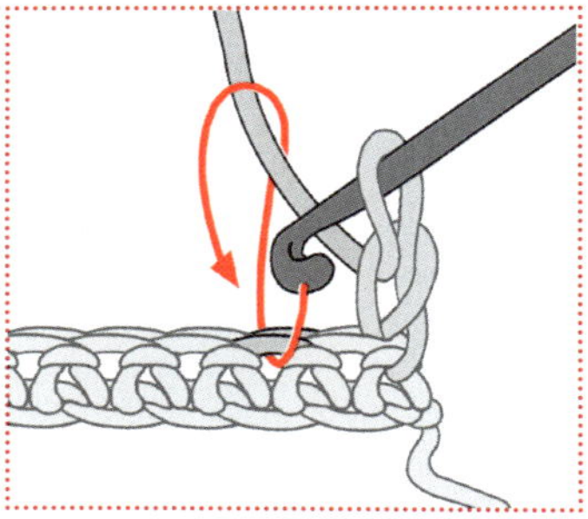

Tiefer gestochene feste Maschen

1 Für eine feste Masche, die 2 Reihen tiefer eingestochen werden soll, an der folgenden Masche beginnend von der Vorreihe 2 Reihen nach unten zählen und in diese Masche einstechen.

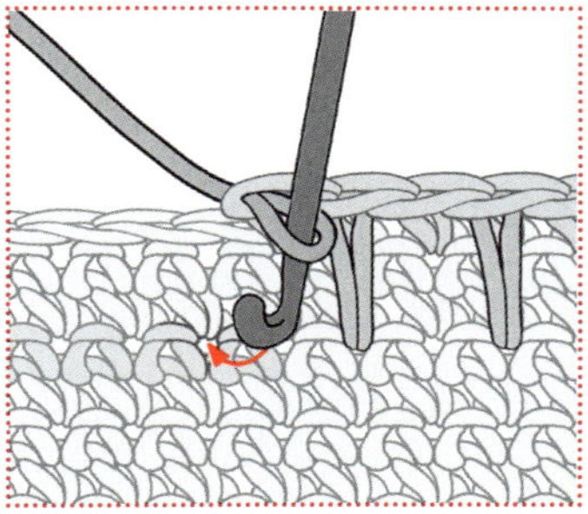

2 Den Faden hochholen.

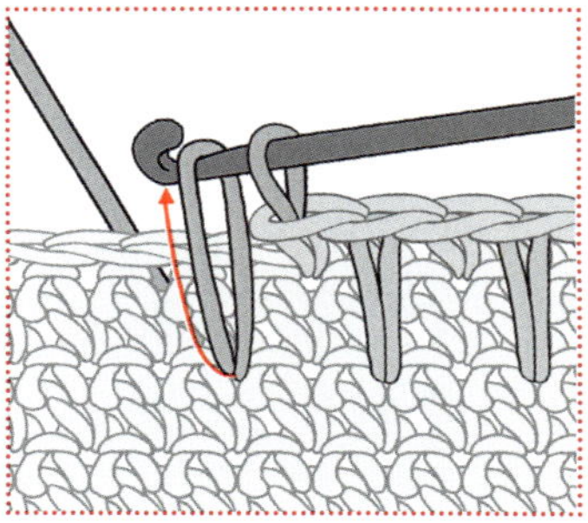

3 Die Schlinge bis zur Kante nach oben ziehen. Die feste Masche abmaschen.

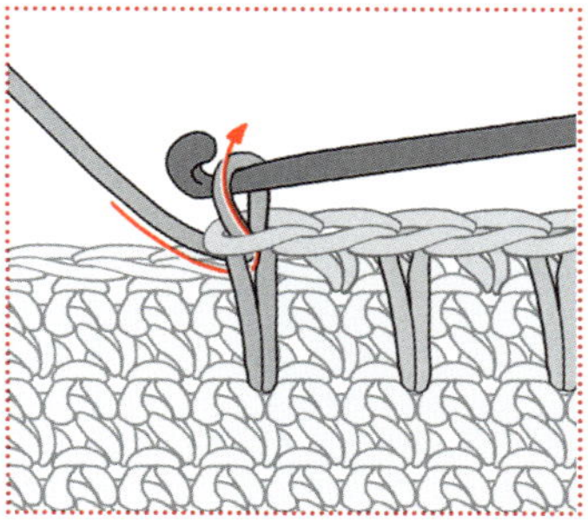

Kettmaschen

Die Nadel in die folgende Masche einstechen und das Garn um die Nadel legen. Das Garn durch beide Umschläge auf der Nadel ziehen.

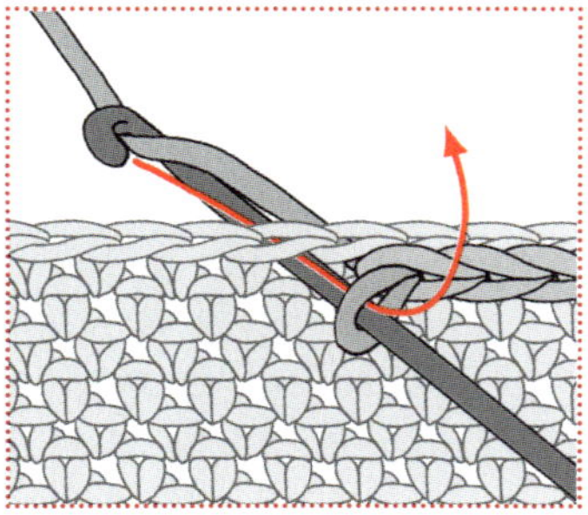

Stäbchen

1 Um ein Stäbchen zu häkeln, den Faden um die Nadel legen und in die nächste Masche der Vorreihe einstechen. Den Faden durch die Masche holen. Es liegen jetzt 3 Schlingen auf der Nadel.

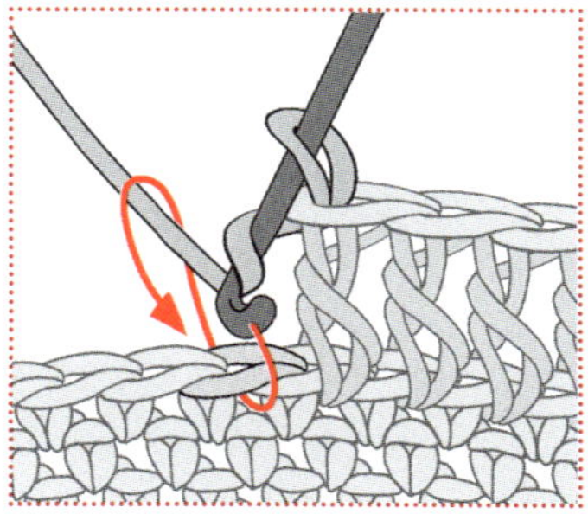

2 Den Faden holen und durch 2 der 3 Schlingen ziehen.

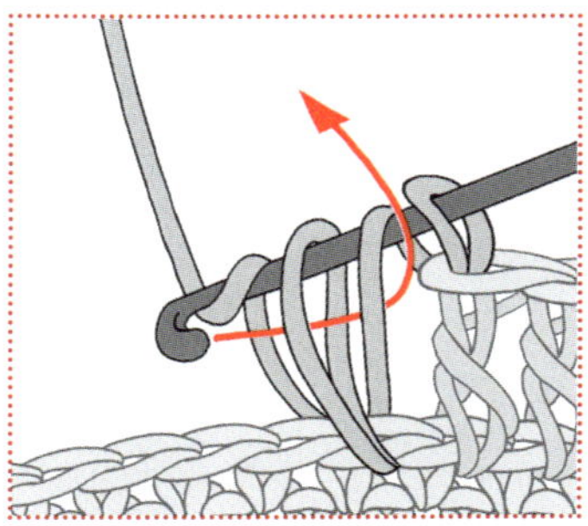

3 Es liegen jetzt 2 Schlingen auf der Nadel. Nun den Faden wieder holen und durch die beiden Schlingen ziehen.

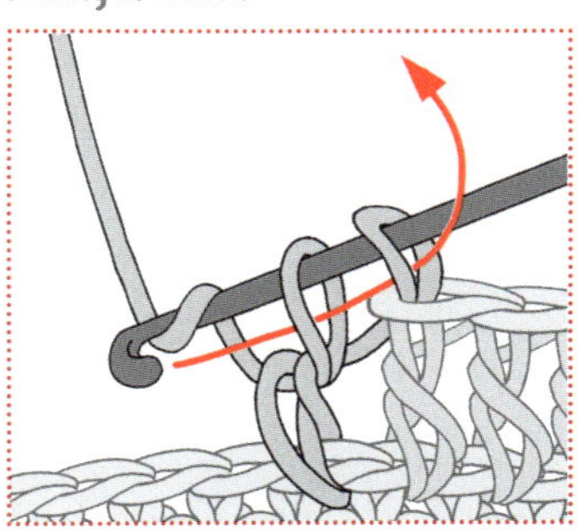

Halbe Stäbchen

1 Für ein halbes Stäbchen zunächst den Faden einmal um die Nadel schlingen, dann in die nächste Masche einstechen und den Faden durchholen.

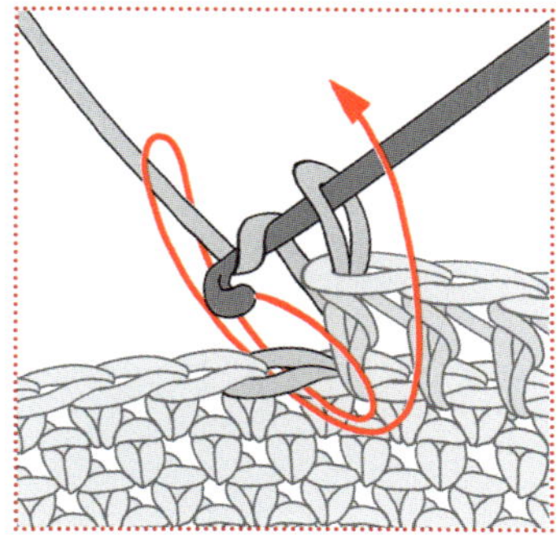

2 Es liegen nun 3 Schlingen auf der Nadel. Den Faden erneut holen und durch alle 3 Schlingen ziehen.

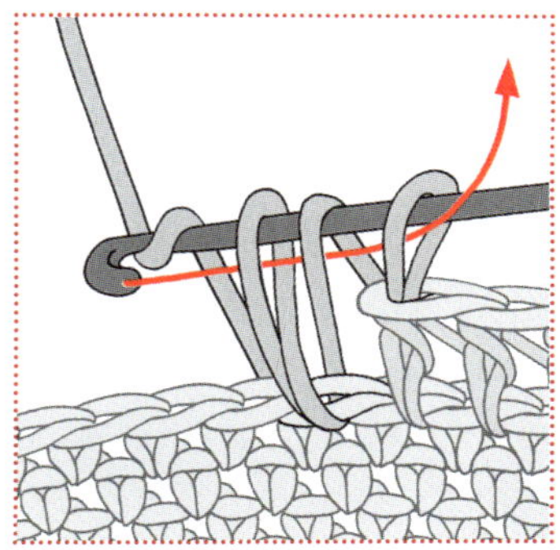

Spiralrunden häkeln

1 Feste Maschen in den Magic-Ring häkeln.

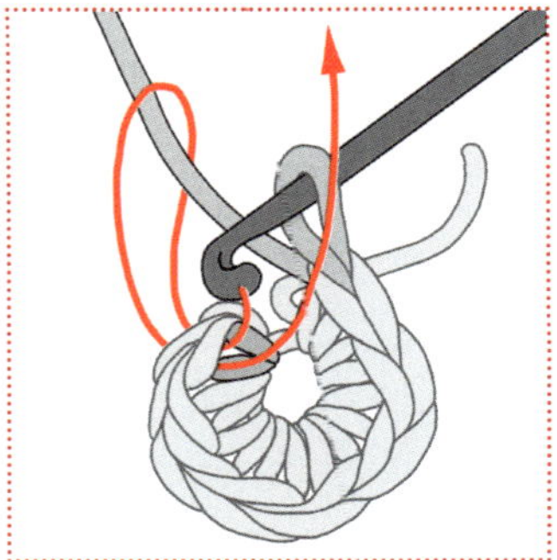

2 Zwischen die letzte Masche der 1. Runde und die 1. Masche der nächsten Runde einen Kontrastfaden legen, um den Rundenanfang zu markieren.

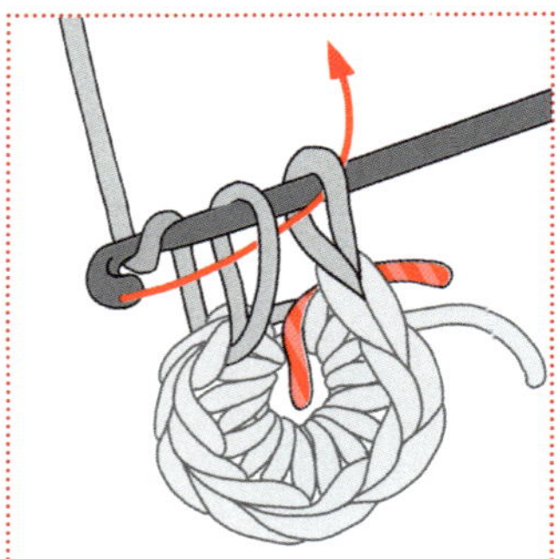

HINWEIS: Es empfiehlt sich, in regelmäßigen Abständen weitere Kontrastfäden einzulegen. Dies erleichtert das Abzählen der Runden.

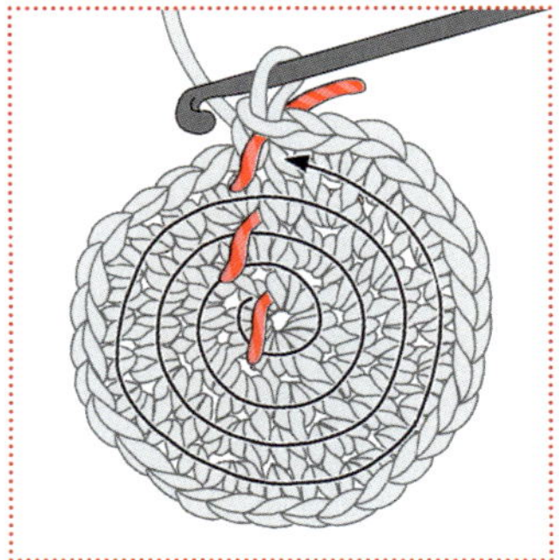

Luftmaschenkette schließen

Um eine Luftmaschenkette zu einem Kreis zu schließen, stechen Sie mit der Nadel in die erste Luftmasche ein, holen den Faden und ziehen ihn durch die Luftmasche und die Schlinge auf der Nadel.

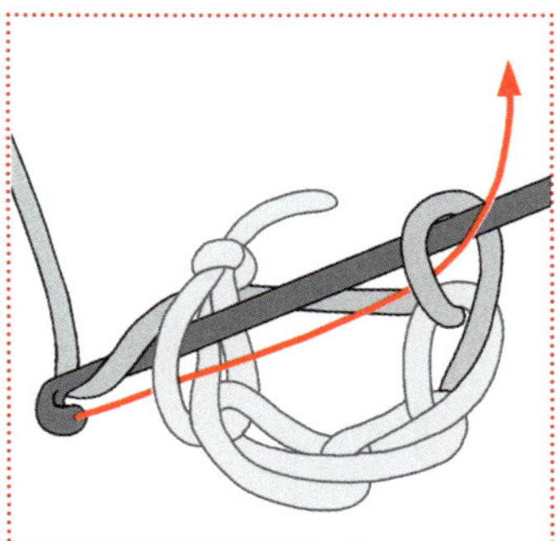

Maschen abnehmen

Soll die Häkelarbeit kleiner oder enger werden, müssen Maschen abgenommen werden.

Zwei feste Maschen zusammen abmaschen

1 Sollen 1 feste Masche abgenommen werden, für jede feste Masche je 1 Schlinge auf die Nadel holen.

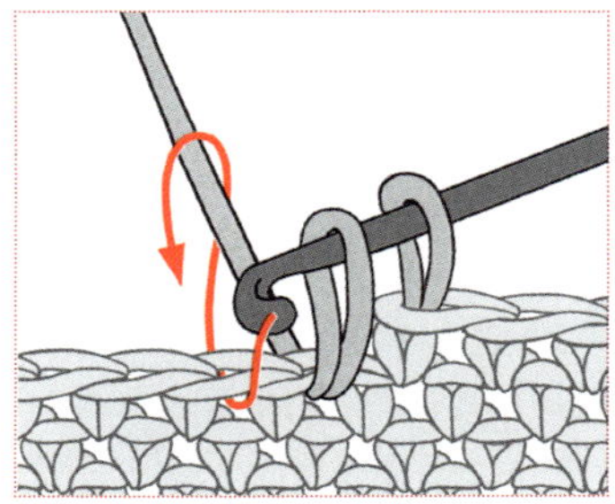

2 Anschließend den Faden holen und durch alle auf der Nadel befindlichen Schlingen ziehen. Die Maschenzahl verringert sich um 1 Masche.

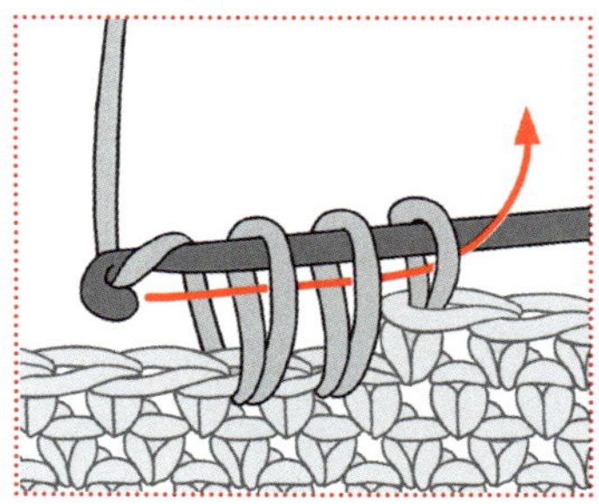

Maschen verdoppeln

Sollen einzelne Maschen zugenommen werden, wird eine bereits gehäkelte Masche verdoppelt, d. h., in die Einstichstelle der zuletzt gehäkelten Masche wird eine 2. Masche gehäkelt. Alle Arten von Maschen können so zugenommen werden. Diese Zunahme kann in Runden und in Reihen erfolgen. Die Maschenzahl vergrößert sich um 1 Masche.

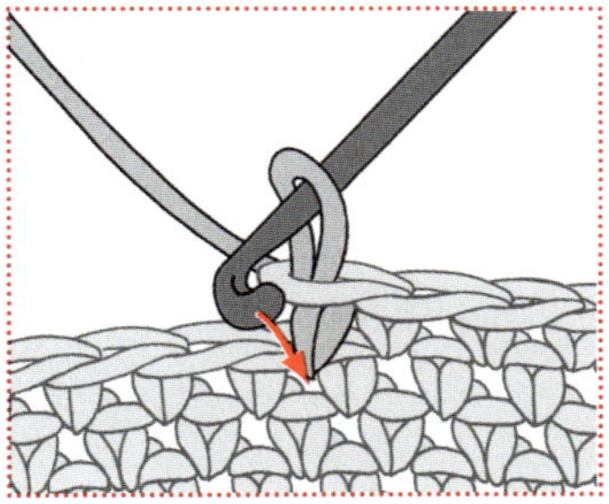

Farbwechsel

Um für ein Streifenmuster die Farbe zu wechseln, bei der letzten festen Masche der Vorreihe den Faden der alten Farbe mit einem Umschlag durchholen, sodass 2 Schlingen auf der Nadel liegen. Diese beiden Schlingen mit dem Garn in der neuen Farbe abmaschen. Die letzte feste Masche ist so komplett in der alten Farbe gehäkelt, die Schlinge auf der Nadel hat bereits die neue Farbe.

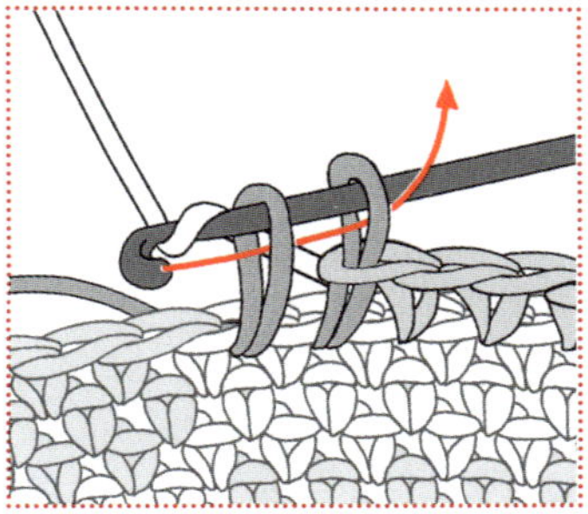

Teile beenden und zusammennähen

Zum Beenden den Faden abschneiden, dabei das Ende immer etwas länger lassen. Faden durch die Schlinge ziehen und vernähen bzw. zum Annähen des Teiles verwenden.

Abkürzungen

arb = arbeiten
Fb = Farbe(n)
fM = feste Masche(n)
hStb = halbe(s) Stäbchen
Km = Kettmasche(n)
LL = Lauflänge
Lm = Luftmasche(n)
M = Masche(n)
Nd = Nadel(n)
R = Reihe(n)
Rd = Runde(n)
Stb = Stäbchen
wdh = wiederholen

BUCHEMPFEHLUNGEN FÜR DICH

Noch mehr kreative Bücher zum gleichen Thema gesucht?

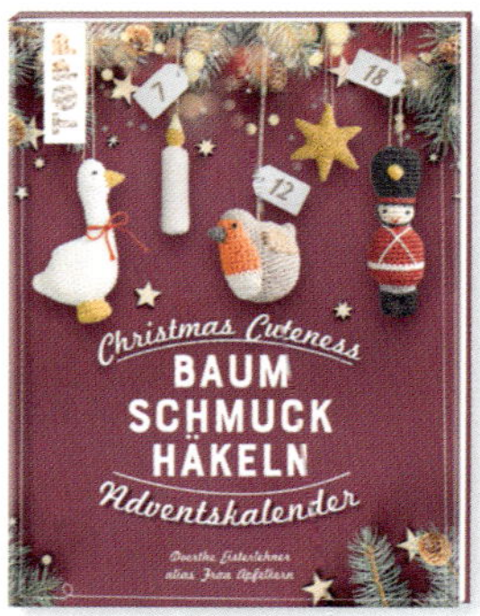

ISBN 978-3-7358-7048-3

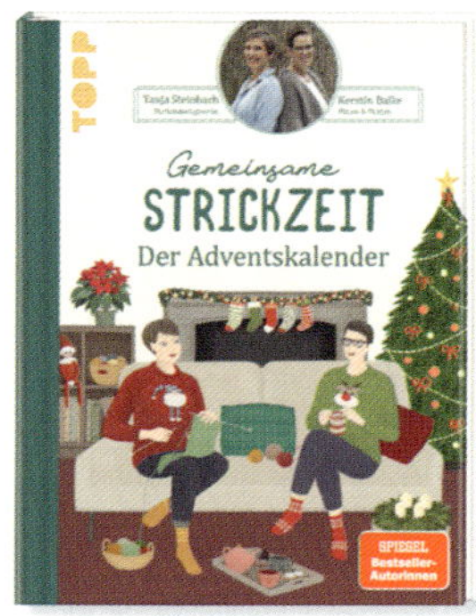

ISBN 978-3-7358-7049-0

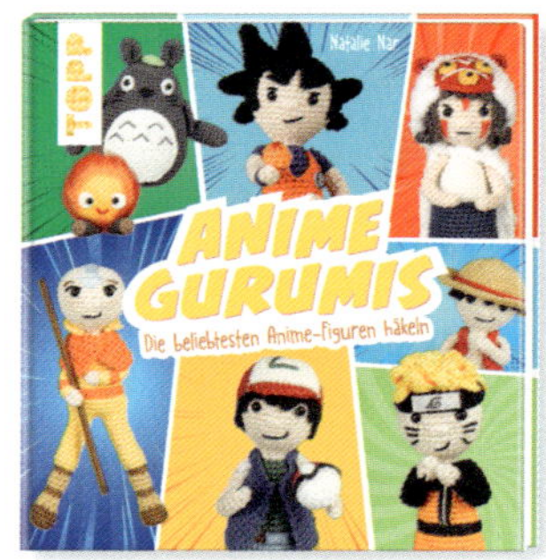

ISBN 978-3-7358-7054-4

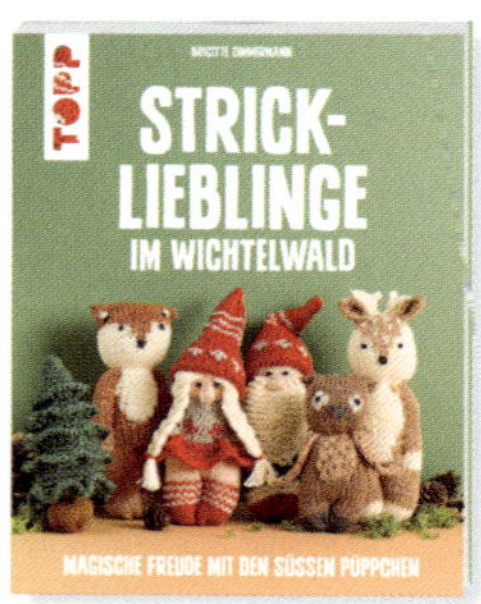

ISBN 978-3-7358-7074-2

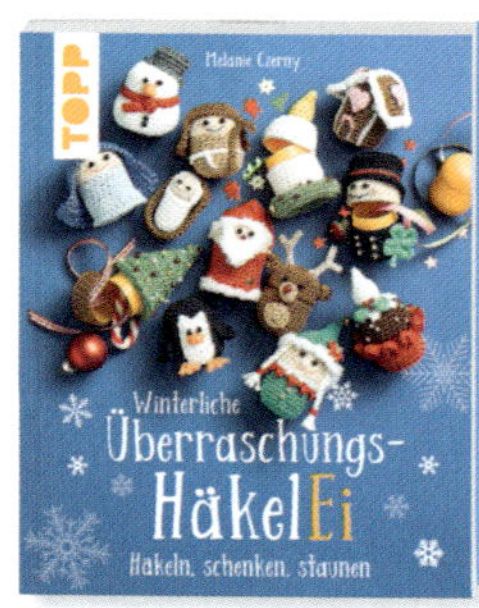

ISBN 978-3-7358-7055-1

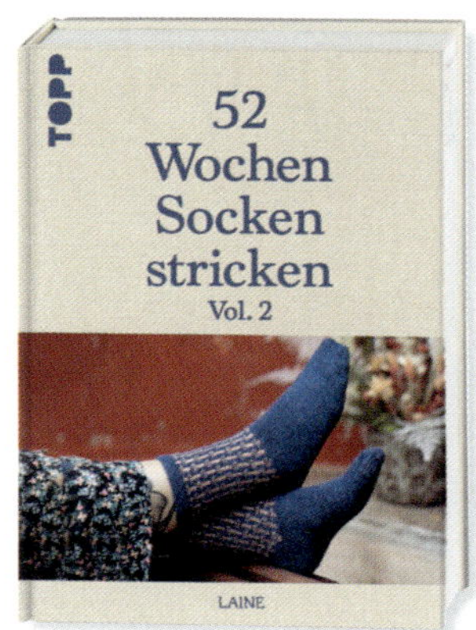

ISBN 978-3-7358-7079-7

Noch mehr Kreativ-Bücher findest du auf www.TOPP-kreativ.de

ENTDECKE ...

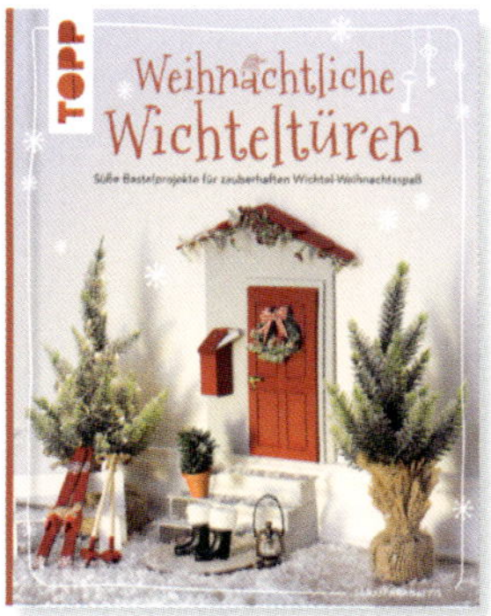

ISBN 978-3-7358-5052-2

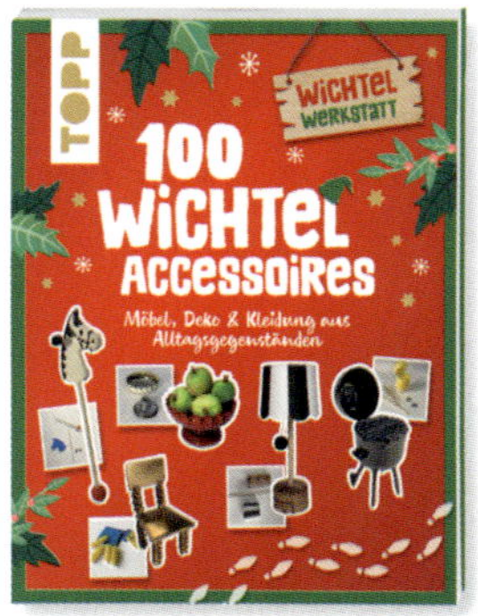

ISBN 978-3-7358-5167-3

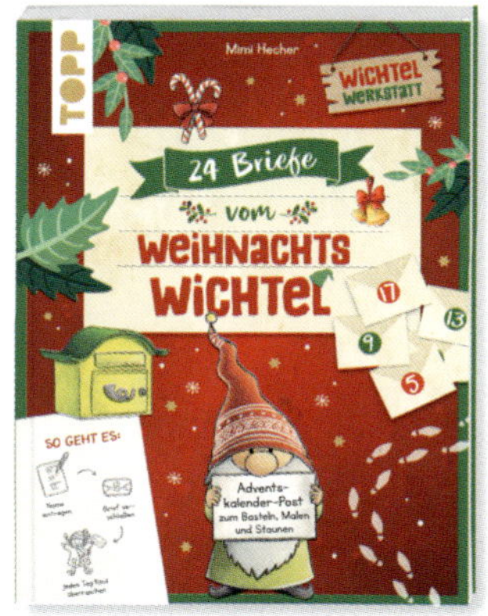

ISBN 978-3-7358-9110-2

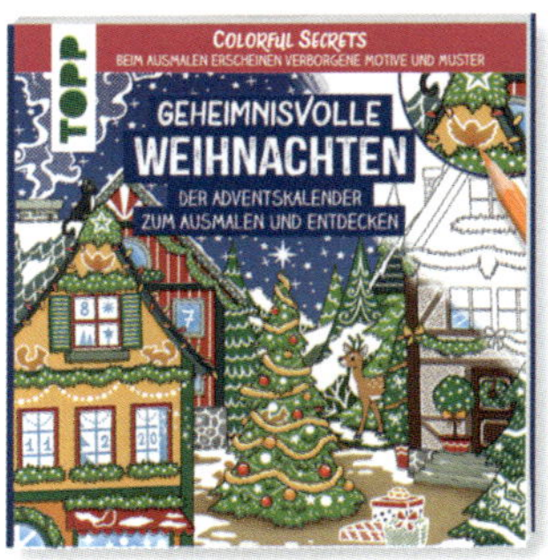

ISBN 978-3-7358-8058-1

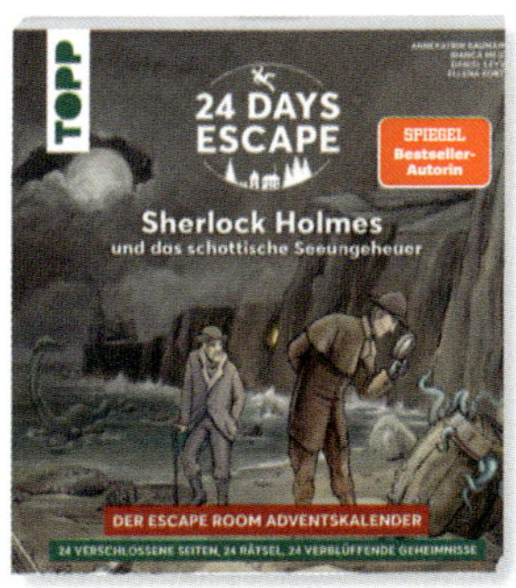

ISBN 978-3-7358-5149

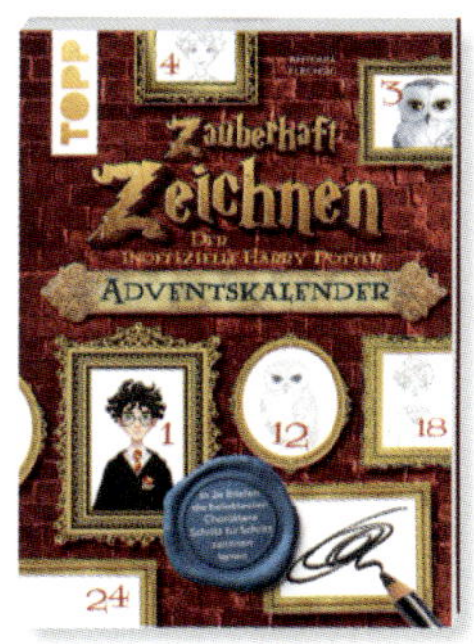

ISBN 978-3-7358-8060-4

#TOPPPROJEKT

Die eigene Kreativität zeigen: TOPPprojekt mit anderen Kreativen teilen und Teil der Gemeinschaft werden.

DIY-begeistert und auf Instagram? Dann unbedingt mitmachen! Hier gibt's Tipps und Feedback zu den eigenen Projekten. Außerdem verlosen wir jeden Monat ein Überraschungspaket. Um am Gewinnspiel teilzunehmen, einfach ein Bild vom Kreativ-Projekt aus unseren Büchern mit #TOPPprojekt posten und unserem Account @frechverlag folgen.
Mehr Infos auf TOPP-kreativ.de/TOPPprojekt

Mach mit beim

#TOPPprojekt

#TOPPprojekt
@frechverlag

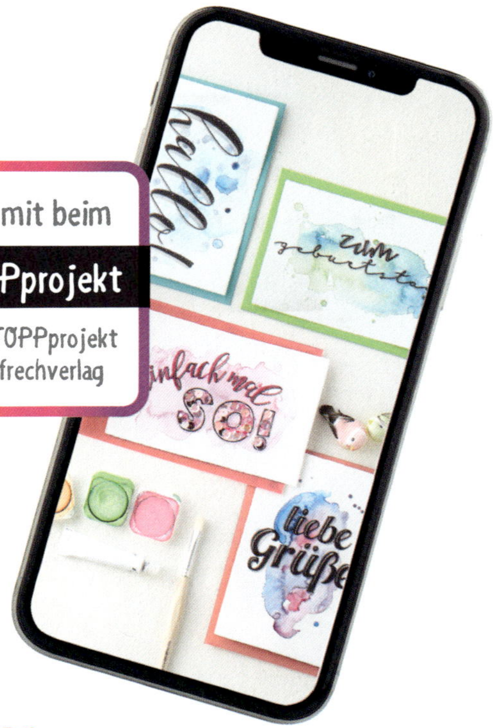

Webseite

Auf TOPP-kreativ.de gibt es ein riesiges Angebot von über 1.000 Kreativbüchern, Sets und mehr zu entdecken.

Newsletter

Immer als Erstes von unseren Neuheiten und Sonderaktionen erfahren: TOPP-kreativ.de/newsletter

Instagram

@frechverlag

Pinterest

pinterest.com/frechverlag

Facebook

facebook.com/frechverlag

DigiBib

Hier gibt es zusätzlich zu einigen unserer Bücher digitale Extras, wie Video-Tutorials, Plotter-Dateien, Vorlagen, Übungsblätter und vieles mehr. Einfach im Impressum eines TOPP-Buchs nachschauen, ob dort ein Code vorhanden ist, und exklusive Inhalte freischalten.
TOPP-kreativ.de/digibib

Youtube

youtube.com/frechverlag

WER WIR SIND, WIE WIR ARBEITEN, WAS WIR LIEBEN …

Mehr über uns und unsere Arbeit und immer mit den neuesten Informationen versorgt schnell und einfach auf Instagram, Facebook und Pinterest.

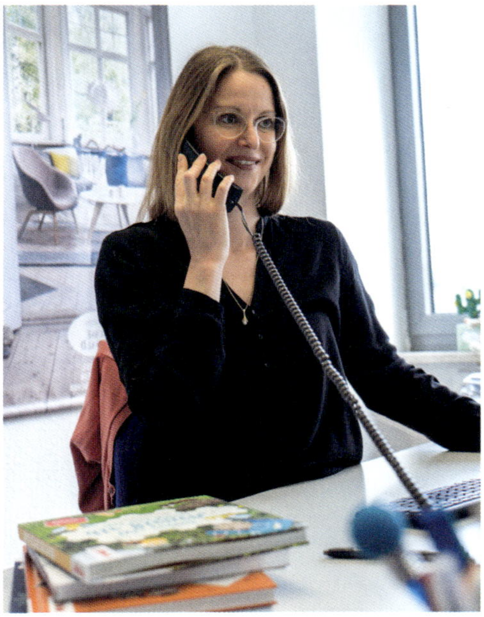

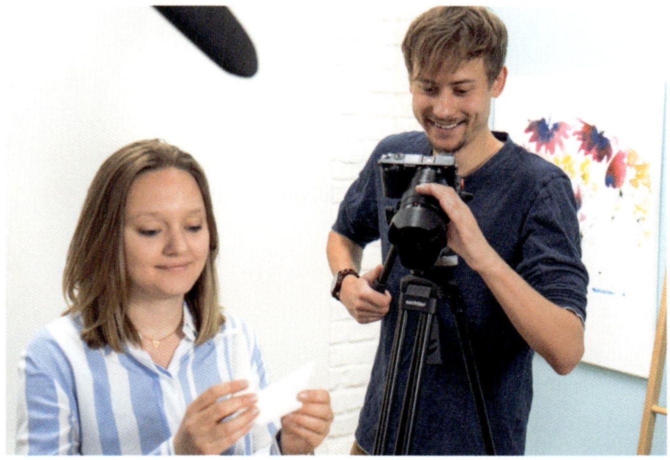

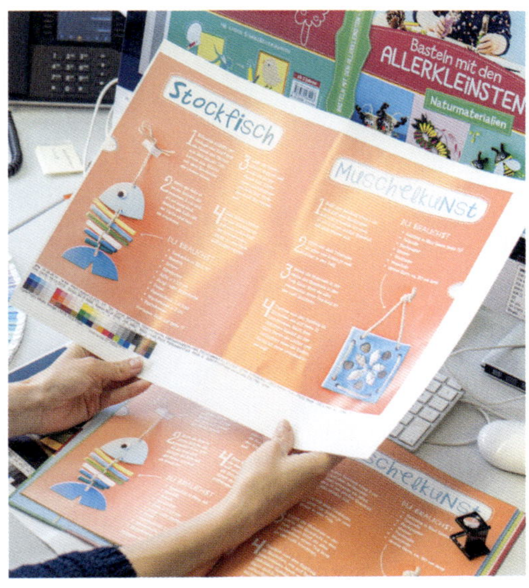

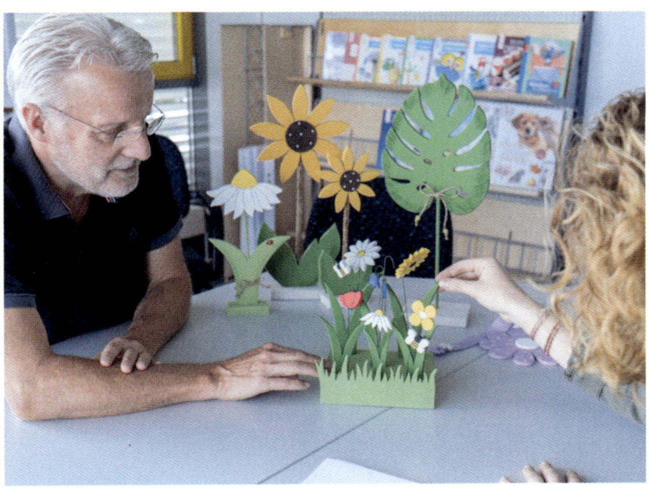

Alle News, alle Infos und alle Links findest du auf www.TOPP-kreativ.de

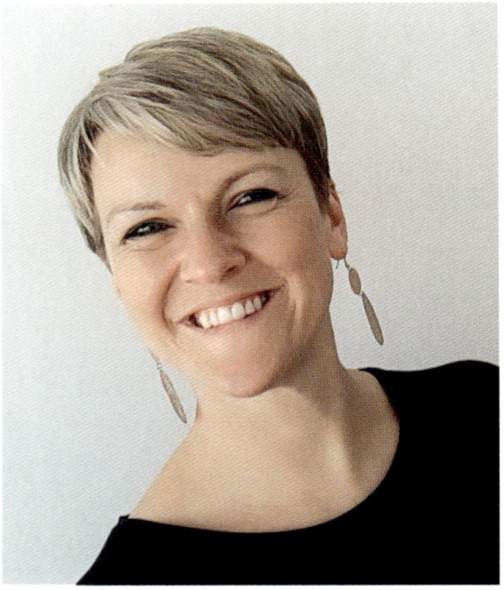

Über die Autorin

Annelie Kojic lebt mit ihrer Familie in Stuttgart. Die Liebe fürs Handarbeiten wurde ihr in die Wiege gelegt und begleitet sie seither. Als Mama entbrannte ihre Leidenschaft für Amigurumis. Sie fing an, gehäkeltes Kinderspielzeug zu entwickeln und begeistert seither kleine und große Häkelsfans. In ihren Häkelbüchern, als Kreativ-Expertin im ARD-Buffet und in Zeitschriften stellt die Designerin regelmäßig neue, kreative Häkeldesigns und -trends vor. Als sie 2021 an Brustkrebs erkrankt, wird Häkeln ihr rosaroter Wollfaden zurück ins Leben. Auf ihrem Instagram-Account @bommelie_handmade_for_kids schreibt sie seitdem nicht nur übers Handarbeiten, sondern spricht auch offen über ihre Krebserkrankung und ihren Weg zurück ins Leben. Sie möchte damit anderen Betroffenen Mut machen, denn Häkeln ist so viel mehr. Es verbindet Menschen auf besondere Weise, ist Yoga für die Seele. Im Rahmen einer Krebstherapie lassen sich damit sogar verschiedene Nebenwirkungen, wie z. B. Polyneuropathie mildern oder im besten Fall sogar verhindern.

Danksagung

Ich danke allen, die dieses Buch zu einem ganz besonderen Herzensprojekt für mich gemacht haben. Ein ganz besonderes Dankeschön gilt meiner Familie und meinen Freunden, Mareike Upheber, Lisa Braunert, Petra Theilfarth und dem gesamten Team vom frechverlag, Joanna Masiuk und Lana Grossa, Michael Ruder von lichtpunkt GmbH.
Danke an Lana Grossa für die Bereitstellung meiner Lieblingswolle für die Designs in diesem Buch.

Hilfestellung zu allen Fragen, die Materialien und Kreativbücher betreffen: Frau Erika Noll berät Sie. Rufen Sie an oder schreiben Sie eine E-Mail:

Telefon: 0711 / 12 37 57 20*
*normale Telefongebühren

E-Mail: mail@kreativ-service.info

Penguin Random House Verlagsgruppe
FSC® N001967

FOTOS: frechverlag GmbH, 70839 Gerlingen; lichtpunkt GmbH, Michael Ruder
ILLUSTRATIONEN: schwab:illustrationen, Ursula Schwab, Haselund
PRODUKTMANAGEMENT: Lisa Braunert
LEKTORAT: Petra Puster, Niederpöcking
LAYOUT: Petra Theilfarth
DRUCK UND BINDUNG: DZS Grafik, Slowenien

2. Auflage 2023

ISBN 978-3-7358-7067-4 · Best.-Nr. 27067